GUIA PRÁTICO DO FEMINISMO

COMO DIALOGAR COM UM MACHISTA

GUIA PRÁTICO DO FEMINISMO
COMO DIALOGAR COM UM MACHISTA

MARCELLA ROSA

2ª EDIÇÃO

Copyright © 2019 by Editora Letramento
Copyright © 2019 by Marcella Rosa

Diretor Editorial | **Gustavo Abreu**
Diretor Administrativo | **Júnior Gaudereto**
Diretor Financeiro | **Cláudio Macedo**
Logística | **Vinícius Santiago**
Assistente Editorial | **Laura Brand**
Preparação e Revisão | **Lorena Camilo**
Capa | **Luís Otávio**
Projeto Gráfico e Diagramação | **Isabela Brandão**

Todos os direitos reservados.
Não é permitida a reprodução desta obra sem
aprovação do Grupo Editorial Letramento.

Referência para citação

ROSA, Marcella. Guia prático do feminismo: como dialogar com um machista. 2ª Ed.
Belo Horizonte, MG: Letramento, 2019.

Dados Internacionais de Catalogação na Publicação (CIP)
Bibliotecária Juliana Farias Motta CRB7- 5880

R788g Rosa, Marcella

Guia prático do feminismo: como dialogar com um machista. 2ª Ed. /
Marcella Rosa. -- Belo Horizonte, MG : Letramento, 2019.

154 p.: .; 21 cm. Inclui glossário.

ISBN: 978-85-9530-187-0

1. Feminismo.2. Direitos humanos.3. Mulheres. I. Título.
II. Título: como dialogar com um machista.

CDD 305.42

Belo Horizonte - MG
Rua Magnólia, 1086
Bairro Caiçara
CEP 30770-020
Fone 31 3327-5771
contato@editoraletramento.com.br
grupoeditorialletramento.com
casadodireito.com

Dedico esse livro as minhas alunas. Ainda que a luta seja de todas, é por elas que eu recomeço cotidianamente, para que um dia eu não as veja sofrer mais.

AGRADECIMENTOS

O primeiro agradecimento é para a mulher mais guerreira que eu conheço, minha mãe Linar Abboud. Ela me passou todos os valores sobre ser forte, independente e justa. Ao lado do meu pai, Joseph Abboud, ela me permitiu existir de maneira plena, com a capacidade de enxergar o que está errado e com a voz necessária para o grito. Nunca me silenciaram. A educação que tive é a que desejo às mulheres que nascem diariamente por aí. Agradeço ao meu irmão maravilhoso, Georges Abboud, meu melhor amigo e porto seguro: um homem admirável, honesto, inteligente e doce. Ao agradecê-los, estendo a toda minha família a minha gratidão – especialmente por terem incentivado a minha luta. Agradeço, ainda, ao Luiz Guilherme, amor da minha vida, por me apoiar em todas as minhas dificuldades, admirar e respeitar minha relação com o feminismo e topar construir uma história ao meu lado.

À vida, eu agradeço as mulheres que trouxe até mim e que me ajudaram nesse processo de escrita e reescrita: Valquíria Boff, Danielle Lima, Natasha Magno, Marina Sena, Nayara Barros, Pauline Franchini e todas as mulheres que trabalham comigo, dentro e fora de sala de aula. Às amigas de infância: Ana Ulliano, Laíza Camargo, Letícia Anguito, Carolina Caran e Emília Bordini. Agradeço imensamente a minha professora Cristina Henrique da Costa, responsável pelo prefácio desse livro e meu exemplo-inspiração de mulher, feminista, pesquisadora e professora. Estendo o agradecimento ao grupo de estudos que faço parte, Mulherando, em especial à Beatriz Pagliarini Bagagli, que me ajudou muito com os estudos sobre transfeminismo.

Desses encontros sorridentes que a vida me deu, agradeço por ter me trazido Henderson Fürst, meu amigo e editor, o qual acreditou em mim desde o primeiro dia. É dele a responsabilidade de ter tido a sorte de conhecer o Gustavo Abreu, também responsável pela edição do livro. Vocês me fazem continuar acreditando que é possível repensar a masculinidade. Por fim, agradeço ao Grupo Editorial Letramento, que, a cada dia que passa, ganha mais minha admiração, pelo engajamento em publicar o trabalho incrível de tantas mulheres.

Cartilha da cura

*As mulheres e as crianças são as primeiras
que desistem de afundar navios.*

Ana Cristina César, *Aos teus pés*.

SUMÁRIO

13 NOTA DA AUTORA

15 PREFÁCIO

19 POR QUE VOCÊ PRECISA LER ESSE LIVRO?

21 RECONHEÇA SUA POSIÇÃO

    34   O machista feministinha *ou* feministo

    35   O machista *old school*

    37   O machista piadista

    38   O machista dadaísta

    39   O machista obsessivo

    40   O machista sensível

    41   O machista flanelinha

    42   O machista *nerd*

    45   O machista gay

47 O MACHISMO MATA

    49   CRIMES EM DEFESA DA HONRA

    52   A INCRÍVEL SOCIEDADE DAS MAL COMIDAS

    53   CLITÓRIS: A LENDA DE ELDORADO

    56   A CULTURA OCIDENTAL

    57   Atena e Medusa

    58   Zeus, o pegador

    58   Tirésias

    59   Pandora

    60   Ulisses e Penélope

    61   Adão e Eva

    62   Jesus e a pecadora

63 A bruxa

66 **A HISTÓRIA DE JOANA D'ARC**

68 A menstruação

70 A incrível indústria dos absorventes

71 A violência psicológica

71 *Infância: a certidão de nascimento de culpada*

72 *Adolescência: a repressão ganha forma*

74 *Crescidas e reprimidas: a mulher adulta*

76 Mito da beleza

81 A INDÚSTRIA DA REPRODUÇÃO INFINITA DE IMAGENS

84 A CULPABILIZAÇÃO DA VÍTIMA

88 O ABISMO SALARIAL

97 OS FEMINISMOS

98 O INÍCIO DO FEMINISMO

107 O Feminismo Liberal

108 O Feminismo Radical

110 O Feminismo Lésbico

113 Feminismo Marxista

114 Feminismo Interseccional (ou pós-moderno)

116 Feminismo Negro

121 Transfeminismo

124 Anarcofeminismo

130 E AGORA, O QUE FAZER?

135 CÁ ENTRE NÓS

139 PARA CONTINUAR ESSE DIÁLOGO

145 GLOSSÁRIO

NOTA DA AUTORA

É bom fazer uma segunda edição. É ótimo saber que esgotou. É uma pena que ela precise ser atualizada e ampliada, porque os dados de violência não pararam de crescer. Durante os anos que separaram as duas publicações, houve casos de estupro coletivo repercutido na mídia, inúmeras denúncias sobre pessoas famosas assediando mulheres, mulheres sendo assassinadas, inclusive líderes fundamentais, como Marielle Franco. Milhares e milhares de vidas negras foram tiradas. Corpos femininos mutilados, massacrados, expostos. Ainda tem muita gente achando que o feminismo é utópico, inútil, "mimimi". Seguimos aqui, na luta. Estão tentando nos calar, nos impedir, nos devolver para as fogueiras. Resistimos. Como uma luz longínqua, o diálogo vem acontecendo. Aos poucos, discreto. Às vezes, forçadamente. Mas, agora, vemos mulheres escutarem as vozes umas das outras. Minhas leitoras dialogaram comigo, enriqueceram esse livro, me ajudaram a pensar mais e de novo. É uma pena que esse livro ainda seja necessário para dar início a um diálogo. Espero que um dia ele vire um livro inútil e que eu possa escrever outras narrativas, plenas de protagonismo feminino e vida.

PREFÁCIO

O *Guia prático do feminismo: como dialogar com um machista?*, de Marcella Rosa é um livro bem sucedido que consegue falar a todxs sem adotar o tom, tão comum entre nós, daquilo que eu hoje chamaria de conformismo da denúncia. Entre outras qualidades, o *Guia* aceita correr o risco da radicalidade sem dogmatismo, e nisto vejo a melhor prova da coragem de sua autora. Em uma sociedade tão violentamente machista como a brasileira, a ousadia de Marcella está em ultrapassar a superficialidade da simples denúncia para atingir uma análise mais profunda dos mecanismos ideológicos simples que produzem o machista, com vistas a um desmonte coletivo do fenômeno machista. E mais: a proposta de desmonte de tais mecanismos está ao alcance da compreensão pragmática de todxs, e não apenas de acadêmicos e teóricos da questão, embora não se afaste nunca da complexidade do problema, mostrando como ele está também nos processos de ocultação que o próprio machismo cria, ao fingir que não é machista.

Imaginando o livro como um diálogo, Marcella propõe na verdade que se converse com homens sobre seu próprio desconhecimento do significado machista daquilo que dizem e fazem. A atitude, muito característica, aliás, da postura da autora diante da vida, consiste em misturar otimismo e abertura de espírito com olhar crítico, e eu diria até com certo espírito intransigentemente crítico, daqueles que buscam os caminhos certos para defender uma posição inabalável. Os homens são conversáveis, pensa Marcella, e quem sabe, mudáveis. Talvez não seja imediatamente visível para alguns leitores, mas a formação séria de Marcella explica a eficiência de seu discurso. Nossas convicções de verdade, aquelas que mudam o mundo, precisam mudar-nos também. Ou seja, devem ser assumidas e pensadas, para que sejam sempre fruto de coisas que recusamos com coisas em que acreditamos. Isto ela certamente aprendeu, como eu mesma aprendi, com o filosofo Paul Ricoeur. Não adianta ficar no discurso abstrato, teorizando sobre machismo, como também não leva a nada querer riscar do mapa os homens com os quais convivemos. Tampouco é produtivo romper com as outras mulheres. Mas nada disso significa a adoção de um discurso molemente tolerante, ao contrário. Trata-se aqui de outra coisa. Trata-se de mostrar que as lutas e ideias têm lugar num espaço comum. O *Guia* é prático, no melhor sentido da palavra.

O fundamental está dito, mas para quem não possui familiaridade com o tema, vale a pena desdobrar alguns aspectos do livro. Nele, Marcella não se enreda em questões teóricas que a levariam para o labirinto das ideias abstratas – terreno de predileção de alguns homens, aliás –, mas conhece e domina quem conhece e domina tais questões, isto é, as próprias teóricas: Beauvoir, Millett, Wittig, Butler, Friedan estão aí para mostrar que as mulheres se pensam, se repensam, se processam o tempo todo. Também não se fecha no antagonismo, e eu desconfio que sua generosidade e otimismo levem-na a acreditar que, por trás do machista existe alguém que pode ouvir. O mundo de Marcella não é olho por olho, é tentativa de desobstrução em mão dupla do acesso ao outro.

Saber que a questão do aborto não gira em torno de uma discussão sobre a vida, mas que uma ideologia do valor da vida esconde a possibilidade da liberdade da mulher, em cuja barriga, e também em cuja dignidade ética e capacidade autônoma de decisão está a possibilidade de humanidade futura, entender que não há motivos nem interesse e muito menos razão para opor cis e trans, homo e hétero, simplesmente porque é absurdo combater normas com normas, estar sempre atenta à violência física e simbólica de gênero porque é ali que nascem as solidariedades humanas, tudo isso são algumas das qualidades do discurso de Marcella.

Se você é uma mulher, senta do meu lado. Vem? Aqui do meu lado eu te escuto bem. Respira fundo que não vai ser fácil. Quero seu apoio, quero sua versão dos fatos. Senta aqui e conta comigo essa história – que é a de todas nós – e precisa urgentemente de uma nova versão.

Embora às vezes o livro adote um jeito radical de conversar com o machista, impressiona-me sua eficiência persuasiva, que se explica também pelo fato que Marcella traz o problema para o terreno arenoso da identidade masculina: o simples fato de os homens terem que pensar sobre o machismo. Tanto quanto nós mesmas, mulheres.

Pois a condição para que, nisso, não se veja fatalidade é justamente que vejamos nisso historicidade, isto é, realidade produzida pelos seres humanos. Por isso a autora informa na orelha do livro: *Olá, quem te convida para essa conversa é uma pessoa que realmente acredita na mudança.* Sim, porque é preciso mudar.

Com a estratégia de Marcella tendo a concordar: enquanto os homens não se reconhecerem individualmente como parte dessa história de violência e opressão, não será fácil vencer o machismo. Machista é sempre o outro: homem careta, ou mulher que está muito equivocada e não me entende nem me conhece, porque eu não sou esse aí. Marcella rebate: te conheço, e o machista não é o outro. Mas o que está por trás não é uma guerra contra homens – e quem conhece pessoalmente a autora sabe disso –, e sim uma luta contra a neutralidade, a denegação e a abstração. Se alguns acham que é guerra e nisso não conseguem enxergar amor, é porque ainda não entenderam seu próprio machismo.

Quem não tem ou teve pelo menos um pai machista? Um namorado machista? Um marido machista? Ou ainda: uma mãe, mulher, namorada cúmplice do machismo? E por que estamos tão acostumados com práticas simbólicas, discursivas, sexuais, físicas, sociais e materiais machistas?

Se o sororicídio simbólico é um dos grandes paradoxos do feminismo, a união de forças que se desdobram historicamente é a condição de emancipação das mulheres. Por isso, parece necessário aceitar negociações de conflitos entre mulheres – para retomar uma técnica de Nancy Fraser – a fim de melhor construir, apesar dos conflitos, uma dinâmica ética. Se as mulheres não se unem, quem lucra com isso? Marcella remata o livro com um capítulo sugestivo: *E agora, o que fazer?*

Se você não sabe o que dar de presente a seus amigos e familiares, e não suporta mais o frenesi dos *shoppings* lotados e o fetichismo capitalista, se nem consegue mais viver num mundo falso, carente de debate, de conflito produtivo e de confiança nas ações humanas, não hesite: dê um toque, dê um choque, dê um banho de esperança no futuro, dê uma caixa de ferramentas úteis para uma ação transformadora. Dê um livro acessível a todos, que dá o que pensar e falar.

Cristina Henrique da Costa
Professora do Departamento de Teoria Literária da Unicamp
e Coordenadora do Grupo de Estudos Mulherando.

POR QUE VOCÊ PRECISA LER ESSE LIVRO?

Cada vez mais a palavra feminismo tem sido dita e escrita por aí. A difusão das ideias feministas, principalmente em redes sociais, torna o termo algo que corre de boca a boca, mas nem sempre com o conhecimento efetivo de seu significado e de sua real importância. Quase sempre tem alguém torcendo o nariz. Alguns dizem que o movimento não existe mais; outros que virou modismo; há, ainda, aqueles que creem que o feminismo já alcançou o que reivindicava. É comum que aqueles que não concordam com o feminismo apelidem as reivindicações do movimento de "mimimi" ou, ainda, apontem no movimento um aspecto contraproducente – "eu não quero ter que trabalhar fora". A verdade é que imaginar que o feminismo é algo negativo, inútil ou uma espécie de modismo é claramente desconhecimento. E o desconhecimento é um perigo muito grande, talvez o maior deles, porque é pelo desconhecimento que nascem os preconceitos, autores de toda sorte de violência da nossa sociedade. Além disso, é a ignorância a responsável por impedir que verdades sobre o movimento sejam ditas, desconstruídas e repensadas em prol de melhorias sociais. O desconhecimento é o espaço vazio nos quais se apoiam aqueles que querem deslegitimar uma mudança absolutamente necessária.

O feminismo é um movimento social, uma vez que designa ações coletivas de um grupo social. Tal movimento, que já possui duração considerável na história, é identificado também pelo seu desenvolvimento no âmbito político e cultural. Compreendê-lo é, além disso, entender o momento histórico que vivemos – e como foi possível chegar até ele. Não é só teoria, é um modo de sobrevivência para as mulheres, e mesmo que exista em diferentes vertentes, procura, sempre, unissonamente, permitir uma existência segura e livre para todas elas. Foi pelo feminismo que mudanças foram possíveis, seja na esfera individual ou coletiva. É pelo feminismo – cremos – que as mudanças podem continuar ocorrendo em prol de uma maior equidade de gêneros: o que só será possível se, num primeiro instante, as mulheres pararem de serem mortas em tão absurdo número.

Se, por um lado, o feminismo enquanto movimento organizado é um fenômeno recente, a necessidade de sua existência remonta a um período muito anterior ao que podemos imaginar. Todos, absolutamente todos nós – eu, você, seu vizinho, sua prima – estamos imersos nessa cultura que faz do feminismo não uma frescura, mas uma absoluta necessidade. Uma cultura que aprisiona, limita e mata mulheres, cujo fim, mesmo com a luta toda que travamos, ainda parece muito distante.

Apesar de difícil, a mudança é possível e toda a sociedade, com suas pessoas e instituições, precisa participar. Você, inclusive. Esse diálogo é um convite para repensar essa situação e, quem sabe, fazer de você parte da mudança. Traz um café – ou uma cerveja –, porque o que eu tenho para dizer não é tão legal assim.

RECONHEÇA SUA POSIÇÃO

O autoconhecimento é um processo importante na vida das pessoas e, cada vez mais, é visto como passagem fundamental de um estágio superior da própria existência. Pois bem, diante do incentivo múltiplo para se conhecer melhor, mais e mais pessoas procuram, por diferentes caminhos, descobrir do que gostam, o que as faz sentir bem, como é a construção afetiva que as condiciona. Não vou negar que pessoas se entendendo melhor são pessoas mais bem resolvidas e felizes – e dialogar com pessoas mais felizes é um processo menos custoso que dialogar com pessoas frustradas ou infelizes. O problema está em restringir o autoconhecimento a questões como juízo de gosto e prazer. Descobrir o que te faz bem é incrível, mas que tal descobrir como você faz o bem? Ou, melhor: como você faz o mal?

— Mas eu sou uma pessoa boa, posso estar oprimindo?

Sim. E por isso é absolutamente necessário reconhecer sua posição social e, nesse sentido, o seu privilégio. Você é um bom rapaz, eu sei. Sei também que você não anda descalço e não suja suas meias brancas e tenho certeza absoluta que você não desliga o chuveiro na hora de se ensaboar. Não mata nem uma barata, não é? – não sabemos se por medo ou por bondade. E você, justo você, homem de bem, você não imagina que está oprimindo mulheres todos os dias, certo?

— Eu?

Pensemos sobre privilégio invisível e machismo estrutural. Mesmo que você seja um homem que não pratica nenhum tipo de violência contra mulheres – ou aquilo que você reconhece como violência, como estupro, feminicídio ou assédio –, você diariamente é privilegiado na sua posição. Quando sua mãe engravidou, alguém torceu, mesmo em silêncio, para que nascesse um menino, um varão. Na sua primeira infância, você roubou beijos de uma coleguinha na escola e todo mundo aplaudiu. No ensino fundamental, deixavam você brincar, correr, suar, cair e se machucar. Ninguém solicitou que você sentasse dessa ou daquela maneira. Ninguém ridicularizou porque apareceu sua calcinha. Aliás, você nem lembra que, na adolescência, enquanto você assistia pornografia e se masturbava, as meninas se enfiavam em sutiãs doloridos e reprimiam o próprio desejo – inclusive a partir da violência do corpo, ainda em desenvolvimento. Se você é de uma classe privilegiada, você pode fazer faculdade. E, lá na faculdade, ninguém duvidou da sua capacidade pelo simples motivo de você ser homem. Ninguém disse que você, ao tirar a habilitação de motorista, "seria um perigo". Você não teve medo de beber demais numa festa e acabar na cama de alguém contra sua vontade. Não te beijaram à força. Não espalharam pela faculdade, pelo bairro ou pelo ambiente de trabalho que você transou com fulana. Se fizeram, foi para te vangloriar. Você nunca precisou esperar por alguém para ir embora porque sentia medo. Você não foi o único homem a prestar aquele ou outro concurso, ou estar naquela entrevista. Você não foi xavecado na sua entrevista de emprego. Ninguém disse que você foi promovido porque transou com a chefe. Você pode ser solteiro, mas ninguém diz que era/é encalhado. Você pode namorar, ninguém diz que era/é interesseiro. No seu trabalho, não estão preocupados com seu cabelo, mas com a sua produção. Você, que trabalha o dia inteiro, não chega em casa e fica sozinho cuidando dos filhos ou lavando a louça. Se você faz, é elogiado. Mas ninguém te acusa de ser mau pai se você resolver que, uma vez por semana, só uma vez por semana, você quer tomar uma cerveja com os amigos. Aliás, você pode sempre tomar cerveja, vinho, cachaça e comer o que quiser, porque ninguém acha que você é uma pessoa pior se tiver barriga ou estiver bêbado.

— E por que tudo isso me faz machista, então?

Justamente por isso que falamos, só enquanto a gente aquece o gogó nessa conversa, do machismo estrutural, não individual. Ou seja, mesmo que você – que fique bem claro que eu duvido disso – tome todas as atitudes mais eticamente corretas possíveis em relação ao seu gênero, mesmo assim, MESMO ASSIM, você estará oprimindo uma mulher, porque a sociedade está estruturalmente condicionada a te privilegiar. Vou te dar aquele exemplo mais simples para ilustrar: eu posso ser privilegiada em relação a você de múltiplas formas, como ter uma educação formal mais reconhecida, ter mais capital cultural e econômico, no entanto, se estivermos na rua só eu e você, eu vou ter medo do que você pode fazer contra mim, pelo simples fato de você ser homem. Pelo simples fato de eu ser mulher.

Percebeu? Eu só elenquei ínfimas situações sobre as quais você nunca refletiu como privilégio. E eu escolhi só algumas. São outras, são mais, são muitas e são todos os dias. Acontece que você, que tem até carteirinha de doador de sangue, vai dizer que eu estou exagerando e que, afinal, nós mulheres também somos privilegiadas.

— É exatamente isso que eu ia dizer,
a senhora exagerou...

Calma lá, senhor, eu conheço seus argumentos. Se você está falando sobre o alistamento obrigatório – sério? De novo? –, entenda que o alistamento não deveria ser obrigatório nem para você. Aliás, qualquer coisa obrigatória é bastante problemática. E não fique pensando que mulheres não são bem-vindas em carreiras militares porque são intelectualmente superiores, mas tão somente porque são vistas como fracas, indisciplinadas e intrinsecamente associadas ao lar. Quem cuida de filho não vai para a guerra, senhor. O Estado sabe bem que o serviço militar – em prática – pode matar e ele não quer que mulheres em idades férteis deixem de reproduzir os varões que garantirão o próximo alistamento. Vê? Não tem privilégio para ninguém aqui, senhor.

— Tá bem, mas você paga menos na balada.

Isso é verdade, para ser usada de isca para que pessoas como você paguem mais caro, estabelecendo o ciclo básico da opressão que é: *homem sendo sujeito, mulher sendo objeto*.

Igualzinho na gramática, isto é, sujeito é quem pratica a ação e objeto é o que sofre a ação. E a nós sempre foi dada a voz passiva. A ação, nessa estrutura, parte sempre de um homem e toda e qualquer atitude que busque emancipar as mulheres da direção ao papel de sujeito, que é reprimida violentamente, seja pela sociedade, cultura e pelo Estado. A mulher está sempre aquém do homem na possibilidade de ação. E, mesmo quando a mulher não é vista como frágil e incapaz – é o caso das mulheres negras, por exemplo – a sua suposta força é usada para violentá-la e mantê-la numa posição social de submissão.

— Pera, então uma mulher nunca tem privilégios?

Tem sim, senhor. Toda vez que falamos sobre reconhecer sua posição, também nos referimos aos privilégios em relação a outras mulheres. A opressão sempre é um processo interseccional, isto é, existem diferentes identidades sociais que se sobrepõem na existência de um indivíduo. Uma mulher branca, em uma cultura de herança escravocrata como a brasileira, sempre terá privilégio sobre uma mulher negra – mesmo no próprio movimento negro, diferentes tonalidades sofrem diferentes opressões, o nome disse é colorismo.*[1] O mesmo acontece com mulheres heterossexuais em relação às homossexuais,* bissexuais* ou assexuais.* Uma mulher cisgênero* nunca sofrerá tanta opressão quanto sofre uma mulher transgênero.* Além, evidentemente, das classes sociais: há um privilégio intrínseco ao dinheiro.

— Calma, eu não entendi nada.

Ok, eu vou desenhar. A vida não é uma escadinha convencional, dessas que a gente sobe degrau por degrau, e atinge um patamar supremo de conhecimento – se fosse, eu acreditaria em meritocracia. A vida, meu amigo, é uma sobreposição de escadas e rampas, ensaboadas e quando a gente acha que conquistou alguma coisa, pluft!, escorrega feio para ser lembrada que algumas pessoas simplesmente não receberam, ao nascer, as ferramentas dessa escalada.

— E que ferramentas são essas?

No caso do Brasil – e da maioria massacrante do planeta – ser branco, cisgênero, heterossexual e rico.

---

[1] As palavras assinaladas com asterisco estão definidas no glossário.

— Ah, então uma mulher branca nasceu com uma ferramenta que a negra não nasceu?

Exato, é justamente por isso que a luta das mulheres negras inclui pautas ainda mais difíceis que a luta das mulheres brancas. A mesma coisa acontece quando falamos em lésbicas e mulheres transgêneros.

— Mas se você é mesmo feminista, como pode oprimir outras mulheres?

Porque eu faço isso pelo simples fato de existir numa condição considerada socialmente melhor. A minha caixa de ferramentas veio preenchida. Eu serei majoritariamente escolhida em detrimento a mulheres negras, por exemplo, quando eu concorrer a uma vaga de emprego. Do mesmo jeito que o mundo é estruturalmente machista, ele também é estruturalmente racista, heteronormativo e cissexista.

— Então não existe nada que une todas as mulheres?

Ainda que as pautas de luta possam ser diferentes, há algo em comum, sim: *todas*, independentemente das singularidades que possam agravar a opressão e que existem para além do gênero, são oprimidas por serem mulheres, o que as transporta para uma vivência constante de medo, clausura, repressão, violência e muita dor. Fenômeno não constatado no seu caso. Já ouviu falar de algum homem que morreu por ser homem?

— Ah...

Parabéns por ter constatado que não.

— Mas homens são mortos com mais frequência do que mulheres!

É verdade. Mas por quem? E por quê? O homicídio acontece mais com homens porque homens se envolvem mais em criminalidade. E isso é consequência do mesmo sistema social que oprime mulheres. Quando estamos em uma sociedade patriarcal e delimitamos a mulher a função social de objeto, inevitavelmente conferimos aos homens a posição de sujeito. E essa ação não lhes garante só prazer. Em certa medida, serem detentores de maior poder, obriga-os a fazer a manutenção desse poder a partir do dinheiro e da ascensão social. É por isso que homem não chora, tem que ser rico, tem que ter carro, tem que ser o chefe. É por isso, também, que homens se envolvem com mais frequência na criminalidade e, vistos como fortes, são mortos.

Mas quem mata homem? Outros homens. O crime contra o homem é uma ferida social diretamente relacionada à classe social. Aliás, os homens que morrem no Brasil são, na maioria, massacrante, os negros e pobres. Não por serem homens, mas por serem negros e pobres, ou por serem homossexuais ou homens trans. Segue sendo o machismo a causa dessas mortes. É também o machismo o responsável por criar uma masculinidade tóxica que impede uma existência mais saudável para vocês.

— Masculinidade tóxica?

Isso mesmo. Masculinidade tóxica é uma identidade associada ao masculino que é ensinada aos meninos desde pequenos sobre o que é ser homem e ela está pautada em agressividade, violência, repressão dos próprios sentimentos e da própria expressão. É a masculinidade tóxica que ensinou a você que a sua relação violenta com sexualidade e com mulheres define o quão homem você é. É a masculinidade tóxica que, de tanto te impedir de chorar na infância, acabou também te transformando em uma pessoa com dificuldade de falar sobre os próprios sentimentos. É essa mesma masculinidade que faz com que homens tenham comportamentos irresponsáveis e agressivos, seja no trânsito ou no trabalho; também é ela que faz de você o algoz e a vítima do seu próprio sucesso, acreditando que é sua e só sua a responsabilidade do sustento da família, bem como a impossibilidade de falhar – e broxar.

Essa masculinidade, tão rígida e tradicional, mais do que criar homens adultos cheios de traumas – capazes de usar toda sorte de violência para impor que são homens –, é a grande responsável por vocês serem associados sempre a elementos de uma agressividade fortíssima. Cara, até propaganda de perfume inclui homens cortando lenha. Quem corta lenha usando perfume francês? Aliás, quando é que você cortou lenha? É um pouco ridículo, não acha?

— Então você está me dizendo que
  homens e mulheres são iguais?

Claro que não. É justamente por isso que o movimento feminista tem preferido usar o termo equidade ao invés de igualdade. Ter os mesmos direitos não significa que nos achamos parecidas com vocês. É claro que existem diferenças – ainda bem: a questão é que essas diferenças *não devem delimitar as condições de existência de ninguém.*

— Ah tá, mas na São Silvestre você corre bem menos.

Equidade não significa que queremos fazer *as mesmas coisas*, mas que tenhamos os mesmos direitos dentro da nossa possibilidade. Mas você já pensou o que faz das mulheres mais "fracas" que os homens? A maioria das coisas tidas como "de menino" treinam os garotos desde sempre, enquanto às meninas é ensinado, na maior parte das vezes, tudo aquilo que não dispõe nem da força física, nem da coordenação motora. E é na infância que adquirimos a maioria de nossas habilidades. Então, talvez, se a gente não ficasse decidindo previamente o que uma criança pode ou não gostar de acordo com o gênero que designamos a ela, uma nova geração de meninas muito mais ágeis e fortes viria por aí.

Além disso, é preciso considerar que a força física, que deve ter feito TALVEZ alguma diferença no tempo das cavernas – tem muito pesquisador jurando que não, viu? –, pode ser facilmente dispensada em tempos de miojo, mas não é.

— Exagerada! As mulheres estão dominando o mercado de trabalho.

A suposta fraqueza do corpo feminino, a fragilidade, tipicamente atribuída à mulher branca e a disposição ao supérfluo – "coisas de meninas" – faz com que mulheres até hoje ganhem salários inferiores para cumprirem a mesma função, como, por exemplo, dar aulas. Até onde eu sei, nenhum homem cis usa o próprio pênis – ou precisa de muita força física – para dar aula. Legalmente, também, a jornada de trabalho é limitada. Logo, uma resistência infinitamente superior – a qual, ainda supostamente, impediria a exaustão precoce – não faz de um homem mais preparado para assumir o cargo de engenheiro, por exemplo.

Mulheres trabalham muito. Mulheres sempre trabalharam muito, em toda parte do mundo – especialmente as negras. Mulheres, aliás, trabalham muito mais que homens, já que foram ensinadas que, se forem sair de casa, terão que cumprir jornada dupla.

— Jornada dupla quer dizer dois empregos?

Não só. O que se observa como jornada dupla de trabalho é o acúmulo de afazeres, de diferentes ordens: trabalho formal e informal. Em todas as questões de trabalho, homens e mulheres estabelecem relações assimétricas. O que acontece é que fazemos da mulher a grande responsável pelo trabalho doméstico, o cuidado das crianças, dos idosos, pessoas com deficiência. Ou seja, cabe majoritariamente à mulher ser responsável pelo trabalho não remunerado e de âmbito privado – de dentro de casa – enquanto ao homem sempre coube ser remunerado fora de casa e ocupar o espaço público.

Com o tempo, porém, as mulheres começaram a ser incorporadas ao espaço público e ao mercado de trabalho, o que não reduziu, de forma alguma, o trabalho de âmbito privado, o que as sobrecarrega. Mulheres precisam trabalhar em casa e fora dela e isso não tem nada a ver com ter dois empregos.

Os resultados dos dados da PNAD em 2011 mostram que, embora as mulheres, no Brasil, tivessem uma participação menor do que os homens em termos de horas semanais no mercado de trabalho (36,9 e 42,6 respectivamente), elas dedicavam, em média, 21,8 horas semanais às tarefas domésticas e de cuidado (reprodução social), representando mais do que o dobro de tempo da dedicação dos homens, com 10,3 horas semanais. Desse modo, acrescentando-se a média de horas semanais no mercado de trabalho, a jornada dupla das mulheres brasileiras chegava a 58,7 horas totais por semana, contra 52,9 dos homens.

MARTINS, Clitia Helena Backx. Dupla jornada de trabalho: desigualdade entre homens e mulheres. Disponível em: <http://carta.fee.tche.br/article/dupla-jornada-de-trabalho-desigualda-de-entre-homens-e-mulheres/>. Acesso em: 01 nov. 2018.

— Mas as mulheres agora *podem* trabalhar!

A questão é: até que ponto essas mulheres podem trabalhar? A profissão mais mal remunerada do mundo é tipicamente feminina: dona de casa. Dizemos, com certeza, que é a mais mal remunerada porque sabemos que ela sequer é remunerada. Além da questão financeira, a social: *ser dona de casa é ser invisível socialmente*.

Quantas vezes você achou normal que a sua roupa fosse lavada por outra pessoa porque essa outra pessoa "não trabalha"? Quantas vezes você naturalizou o almoço pronto feito por alguém que "não sai de casa"? É recorrente que a dona de casa, ou ainda "do lar", seja levada à invisibilidade em seu trabalho. Ela trabalha muito mais que a carga estipulada pela legislação (8 horas) e não recebe férias, nem décimo terceiro, muito menos aposentadoria. Inclusive, recaem sobre ela múltiplas funções, ou seja, seu cargo polivalente, além de tudo, é muito mais complexo que exigiria um cargo de trabalho.

O desejo de emancipação que o primeiro feminismo – majoritariamente branco, cis, eurocêntrico – transmitiu à saída da mulher de dentro do lar para o trabalho fora de casa, não esperava pelas duas consequências violentas que esse movimento poderia causar (e causou): primeiro, uma jornada dupla de trabalho – ser reconhecida como profissional fora de casa e ainda cuidar do próprio lar, e segundo, a exploração de outra mulher.

Você já deve ter ouvido falar da empresária rica que trabalha 10h por dia fora de casa. E, quando pensou nela, riu na minha cara achando que essa informação deslegitimaria tudo que eu te disse até agora, não é? Pois bem.

Das duas, uma: ou o seu exemplo de emancipação é uma mulher completamente exausta porque tem que chegar em casa, conferir a lição do filho, fazer o jantar, lavar a louça e colocar as crianças na cama, ou ela contratou alguém que cuidasse da casa por ela. Mas quem? Outra mulher. Vista como? Como uma substituta dessa mãe que *abandonou* o serviço que era seu por excelência.

A casa deve ser cuidada, é evidente. Os filhos precisam de atenção, nada mais natural. Quem deveria fazer isso? Os habitantes da casa – sejam eles homens ou mulheres – e os pais da criança. Obviamente, creches e lavanderias são fundamentais para uma vida mais tranquila quando a jornada de trabalho é desgastante, mas uma mãe substituta é a opressão sendo levada adiante, como um encadeamento de peças de dominó: uma que derruba a próxima.

Responsabilizamos as mães por tudo que diz respeito aos filhos e sempre nos esquecemos que essa responsabilidade deve ser estendida, em primeira instância, ao pai e, mais ainda, à própria sociedade, criando uma rede de auxílio que permita uma vida digna à pessoa que opta por colocar uma criança no mundo.

— Opa! Entendi. É minha responsabilidade
 ajudar minha esposa/mãe em casa.

Não. Você não tem que ajudá-la porque a responsabilidade central não deveria ser dela, mas de vocês dois. Você só ajuda alguém quando faz bem menos do que a outra pessoa. Você deve ser uma das peças centrais para que a casa e a educação dos filhos funcionem. Não há mal nenhum, é claro, de você lavar as roupas em uma lavanderia. A grande opressão, senhor, é contratar uma mulher para continuar sendo explorada naquilo que é considerado tipicamente feminino. E sempre na mesma condição: informal, de pagamento irrisório, sem direitos trabalhistas. Isto é, a divisão justa das funções em relação aos cuidados da casa permitiria que todos os habitantes vestissem roupa limpa e comessem adequadamente.

Há violência nisso e a gente nem vê. Criarmos crianças para depender exclusivamente da mãe é violento. Isso porque estamos nos restringindo à classe média, porque a violência sofrida pelas mulheres negras é ainda pior. São justamente essas mães negras que, por necessidade financeira, precisam abrir mão de uma convivência saudável com os próprios filhos para lhes garantir sobrevivência. Como? Criando os filhos de outras mulheres, em empregos informais, mal remunerados e socialmente desvalorizados.

Estamos aqui falando também sobre a responsabilidade que sempre recai em mulheres de gerirem as casas, de organizarem a vida pessoal das crianças e de terem, até mesmo quando dividem algumas funções do cuidado da casa, a responsabilidade exclusiva de mantê-la funcionando e sem que falte nada. Afinal, casa bagunçada e filho malcriado sempre é culpa da mãe...

É, meu querido, bons meninos que amam a mãe e esperam dela a janta pronta, também violentam mulheres diariamente.

— Mas eu jamais violentaria uma mulher. Eu até acho que, pensando bem, eu sou feminista.

Não, você não é. Nenhum homem pode ser feminista porque *mesmo* que não faça absolutamente nada individualmente para oprimir uma mulher – e, honestamente, isso nem é plenamente possível –, você já é dotado de todos os privilégios – que listamos logo acima. Você tira oportunidades de uma mulher. São muitos os tipos de machistas porque são muitas e variadas as violências que uma mulher pode sofrer por parte de um homem.

Aliás, se você insiste muito no seu lado feminista, você é um tipo especial de machista, cada vez mais frequente: o machista feministinha.

O MACHISTA FEMINISTINHA OU FEMINISTO

O machista feministinha/feministo acha que é um grande agente da luta contra o machismo, mas não é. Segue sendo machista, tomando a fala de quem deveria estar, de fato, falando sobre violência contra mulheres, ou seja, as próprias mulheres. O feministinha/feministo usa saia, posta foto nas redes sociais com flor na barba, cartaz pró-aborto, diz que a mulher tem que ser livre, no corpo, no padrão estético, na sua sexualidade. Ele escreve cinco vezes mais a palavra empoderamento do que qualquer outra. No fundo, o feministinha/feministo é aquele que super apoia todas as decisões das mulheres, contando que essas decisões não incomodem, nem a ele nem a seu seleto grupo de homens intelectualmente superiores por terem sido iluminados pela sociologia francesa.

O feministinha/feministo é desconstruidão, tem barba mal feita, camiseta da Frida Kahlo, mas ele usa do desapego, tão bonito, tão moderno, tão *new age* para machucar mulheres. Diz que as mulheres devem ter voz, mas ele segue calando com um modelo de relacionamento livre que implica em dar um novo nome ao velho privilégio masculino de ficar com quem bem quer. Quantas vezes quiser. Agora, no entanto, ele não é o cafajeste, mas o esclarecido ser capaz de se desapegar das amarras do relacionamento monogâmico imposto pelo patriarcado. Vestido de rosa, ele curiosamente só se envolve com mulheres dentro de um padrão estético. Continua incentivando a carreira do amigo que quer ser político, mas calando a colega quando ela faz uma fala importante – da qual ele discorda.

É a favor do feminismo e, por isso, tem uma rede social muito moderna, na qual ele posta fotos de mulheres reais, nuas e sem maquiagem. Mulheres magras, brancas, em poses sensuais. Reais, no seu imaginário misógino enfeitado por um filtro dos sonhos. Nunca se apaixonou pela mulher gorda com quem se envolveu casualmente, e também não a assumiria para sua família, ou aquela namorada negra que ele nunca levou – ou levaria – no almoço de domingo na casa de sua vó, mas ele diz amar Nina Simone e Elza Zoares. Acha o estupro um ato animalesco, mas acha tranquilo pressionar a namorada cansada a transar depois de um dia exaustivo de trabalho. É ele o cara que supostamente vota na candidata feminista, mas não pede para o amigo parar de enviar fotos nuas de mulheres com quem se relaciona, nem diz que não é nada legal a piada violenta do garçom.

É o nosso amigo esquerdomacho que se diz progressista, mas não se reprime em engrossar e subir a voz para calar uma mulher de opinião contrária; nem se constrange ao copiar uma ideia brilhante da colega, fingindo ser toda dele.

No fundo, tem muito em comum com o machista *old-school* do que o seu próprio ego inflado é capaz de identificar.

O MACHISTA *OLD SCHOOL*

O machista *old school* é um clássico. Como todo clássico, é tradicional. Segue repetindo a mesma canção que já se cantava quando seu avô já dizia "Amélia é que era mulher de verdade". Geralmente, o machista *old school* tem orgulho de ser machista. Ele não nega que existe "mulher direita" e que "filha minha não faz isso".

Na realidade, o grande lance do machista *old school* é o apego infinito ao dualismo, isto é, como a sua concepção de mundo é limitada, acaba por ser capaz de identificar, exclusivamente, dicotomias: ou é ou não é. Ou é para casar ou para transar; ou é santa ou é puta. Além disso, é de uma filosofia muito essencialista, marcada reiteradamente pelo uso da locução adjetiva "de verdade": homem *de verdade* não faz isso; mulher *de verdade* gosta daquilo. É evidente que, questionado *de verdade* o machista *de verdade* tem uma dificuldade *de verdade* de explicar o que, afinal, é essa *verdade* que sustenta tão fortemente as suas convicções.

Obviamente que o machista *old school* usa camisetas escrito "*game over*" antes de casar, diz que a filha do amigo – que ainda é um bebê– "vai dar trabalho quando crescer" e morre de ciúmes de qualquer homem que se envolva com uma mulher da sua família: especialmente porque ele sabe como ele mesmo agiria com as mulheres e não deseja aquilo para quem ama. É a favor do porte de armas, e acha legítimo pedir desculpas para uma mulher acompanhada com quem tentou flertar, não porque ela não quisesse – afinal, tanto faz –, mas porque um machista *old school* nunca quer ferir a honra de outro homem. Perdeu a virgindade de alguma maneira traumática com uma prostituta, obrigado pelo pai. O trauma pegou tão feio que ele pretende reproduzi-lo com seus filhos. Ele tem três tipos de xingamentos básicos utilizados: em relação à mãe – filho da puta, sua mãe é… –, em relação à sexualidade – bicha, viado, etc –, em relação ao relacionamento amoroso – corno, chifrudo, etc. Tem a capacidade de uma pedra para diálogo e uma masculinidade tão frágil quantos seus argumentos. Acha que estuprador tem que morrer na cadeia, mas nem se liga que não é engraçado assediar sexual e moralmente a nova estagiária todos os dias.

O machista *old school* está tão defasado que até mesmo outros machistas reconhecem nele um atraso social. Machista *old school* é tão, mas tão *old school* que ainda chama o banco de passageiro do carro de "banco da mulher" e diz que telefone fácil de decorar é telefone de puta – como se alguém decorasse telefones hoje em dia.

O MACHISTA PIADISTA

O machista piadista está a serviço do humor. Ele não é machista, é engraçado. Não violenta mulheres, mas faz piadas contra elas. Não bate na mulher, mas a chama de dona onça, diz que seu cartão deveria ter limite astronômico, "mulher no volante, perigo constante". Ridiculariza prostitutas, donas de casa, professoras. Trata lésbicas como um fetiche. Mas, no fim, abre a porta do carro, ama a própria mãe e jamais levantaria a mão para a própria esposa. Ele vive esquecendo que o humor é político e carrega ideologia. O machista piadista faz sucesso na TV, afinal, é só uma piada. É processado por incentivar o estupro, perde o processo, paga a indenização e faz ainda mais sucesso por isso. Quando é profissional, vira apresentador de TV; quando é amador, é a pessoa mais chata de qualquer evento familiar. O machista piadista é atração da festa do escritório, do churrasco da firma, da confraternização de fim de ano. Ele faz a piada e abraça a colega, dizendo: "mas você não fica brava, né? É só uma brincadeirinha". Ele não sabe, ou finge que não sabe, que o humor, além de fazer rir, tem como função denunciar os pensamentos misóginos, que, por pudor, as pessoas só dizem sob a forma de piada. O machista piadista veio a serviço do humor contra as pessoas "politicamente corretas" e que ele considera insuportáveis, sua função é tentar encobrir a violência com a risada – igualmente violenta – dos outros. Com o crivo do riso alheio, ele se permite dizer qualquer coisa, e, no seu delírio, acreditar que está certo, porque fazer rir deve ser o objetivo final do humor. Acontece que não é, nunca foi. O objetivo de qualquer discurso é propagar ideias.

O machista piadista é, depois do *old school,* o mais fácil de identificar: onde houver uma mulher sendo o alvo de risadas, ele estará. Onde houver uma mulher empoderada, ele não estará. Ele não suporta que não riam dele, nem que chamem mais atenção. É fujão, covarde e precisa do escudo da piada, senão se cala. Ele só não é mais confuso que o machista dadaísta.

O MACHISTA DADAÍSTA

"Não sou machista, nem feminista: sou humanista". Essa é a frase central do machista dadaísta, aquele que mistura tudo, mas até hoje ninguém entendeu o que ele queria. Confunde filosofia com movimento social e acha que, ao dizer que todo ser humano é igual, ele justificaria o fim – e não o começo, pasme! – do movimento social. O machista dadaísta não diferencia igualdade formal de material e inventa termos nunca antes vistos e cujo respaldo teórico é duvidoso, como "racismo reverso", "heterofobia", "femismo", "cotas que privilegiam minorias". Ele acredita em seres imaginários, como o lendário negro que conseguiu a vaga de emprego no lugar do branco e a abominável mulher estupradora de homens. Além disso, crê em mitos políticos que sustentam suas seitas em reconstrução de um passado que nunca aconteceu. Ele clama por intervenção militar, porque não havia corrupção. Tem dificuldade teórica de sustentar seu posicionamento e constrói seus textos nas redes sociais com a mesma técnica dadá: usando palavras aleatórias. Não é o machista piadista, porque não faz humor; nem *old school,* pois seus aforismos sem sentido trabalham menos com a dualidade e mais com o absurdo: a mulher não deve se reprimir, mas uma vez libertária, deve ter limites. Mulher deve se dar ao respeito, mas também não pode ser sexualmente desinteressada. Mulher de verdade sabe cozinhar, mas mulher cheirando a alho é desesperador.

Ele é a favor da família, mas trai a esposa. Ele é a favor da liberdade de expressão, mas mulher não pode falar palavrão. Chama de "mulherzinha" o amigo que está com dor, mas não sai da cama com um resfriado; enquanto pede a mulher, que também está doente, que prepare uma sopinha. O machista dadaísta é onírico. Não há unidade. A gente mal sabe por onde começa a crítica, tamanha a inconsistência do seu discurso. Confuso, o machista dadaísta raramente se entende. As pessoas acham mais fácil explicar o terraplanismo que a sua ideia. Geralmente, é abandonado falando sozinho, tanto por feministas que percebem a incongruência, quanto por outros machistas que acham difícil demais entender seu raciocínio.

O MACHISTA OBSESSIVO

O machista obsessivo estabelece limites milimetricamente e está treinado à manter tudo organizado com uma rigidez quase militar. O lugar de mulher é aqui, o de homem é ali. As coisas não podem ser compartilhadas, de forma alguma – a lâmina que a mulher usa para raspar a perna é completamente diferente da do homem, afinal, ela é rosa. O *shampoo* também, vê lá, tá escrito *"for man"* e tem cheiro de cachaça estragada, não de pétalas de rosa. Diz que é heterossexual, mas tem nojo de fazer sexo oral na namorada – não sei se vocês sabem, pau tem cheiro e gosto de sabão antisséptico neutro. Rotula todas as mulheres possíveis: essa faz isso, logo é "a biscate", essa não faz aquilo, é "puritana". Ele etiqueta os relacionamentos como frascos de tempero, que é para não confundir: "com uma maluca", "com uma neurótica", "com uma piranha". O machista obsessivo não gosta de pelos. Em mulheres, óbvio, porque não encosta nos próprios pelos pubianos porque ficar aparando os pelos mudaria a categoria "viado" que ele, com tanto esmero, selecionou para os demais. Esse tipo de machista engana algumas pessoas com seu ar sério e o seu quase cavalheirismo. Faz soar como gosto pessoal – não sou obrigado a gostar desse tipo de mulher – o seu jeito misógino de levar a vida. Ele não só reprime mulheres, como passa uma vida inteira organizando a vida delas, mantendo o máximo de controle que puder.

O MACHISTA SENSÍVEL

O machista sensível acha que não é machista porque é sensível, porque chora, porque sofre. Não se importa se o sofrimento possa ser usado justamente para manipular um relacionamento abusivo e opressor. O machista sensível acha que entende as mulheres porque assistiu *O fabuloso destino de Amélie Poulain* e escuta Chico Buarque. O machista sensível, em sua defesa, chorou vendo *Kung Fu Panda* e, por isso, pode ser perdoado por todas as vezes que ameaçou se matar se a namorada o largasse; ou deixou de respondê-la para estabelecer um jogo cruel de "quem se importa menos". Ele é o passivo-agressivo, jamais bateria em uma mulher, mas acha totalmente natural usar indiretas para manter uma relação de poder e controle. Cuidado, tá? É ele o cara que convence que essa mulher com quem ele se relaciona jamais encontraria outro homem como ele. É ele que constrói seu império sentimental destruindo a autoestima da parceira, fazendo-a ter certeza que ele faz um favor imenso de estar com ela e que, sem ele, ela não seria nada.

Ele é muito difícil de identificar porque manipula muito bem a namorada, a família e os amigos. Gastando todo seu sangue frio, ele provoca situações de desespero para a parceira de maneira discreta, a ponto de parecer totalmente loucura quando ela grita, em público, com ele. Com os olhos marejados, ele diz que não merecia aquilo, construindo o ciclo de culpa que a manterá presa nele até que ela reúna forças para perceber que ela não está louca. Quando confrontado, ele justifica suas ações com astrologia – "é meu sol em câncer".

O machista sensível chora muito, mas suas lágrimas nunca impediram que ele humilhasse a namorada, a mãe ou a irmã. Protegido pela sua áurea de menino frágil, ele não economiza palavras no discurso pós-término de namoro para contar a todos como ela foi cruel com ele, como ela – a monstruosa ex-namorada – era maluca, ciumenta, cruel, e ele, pobrezinho, sofria só porque a amava demais.

O MACHISTA FLANELINHA

O machista flanelinha instrui mulheres. "Mais para esquerda. Isso, esterça tudo". Inclusive, sobre elas mesmas. Ele – como bom *gentleman* – conduz a mulher para o lado de dentro da calçada, organiza sua vida profissional, puxa sua saia mais pra baixo, ajeita o decote. "Vai dando ré de-va-gar". Abre a porta, compra o convite e revê a sua agenda. "Você poderia trocar sua foto do perfil, não acha?", "você deveria não sair com o seu colega de trabalho", "você não deveria, também, ser muito próxima da Aninha. Ela é diferente de você". O machista flanelinha vê a mulher como um ser socialmente incapaz, cuja autonomia é absolutamente contestável. Por isso, ele ajuda a fazer a baliza. Curiosamente, ela nunca pediu.

Ele é o rei do *mansplaining*,* conhecido também por "palestrinha": sempre tem uma forma muito mais lógica, racional e clara – como homem – de explicar o que a mulher ao seu lado acabou de dizer. Gosta de interromper mulheres, obviamente para ajudá-las na construção do raciocínio que tentavam formular... Sua existência no mundo é basicamente altruísta. Geralmente, essa espécie de machista se sente muito confortável em cargos de liderança – empresarial, espiritual ou intelectual – e legitimam – para si próprios e para o mundo – sua ação na sua função – "eu faço isso pelo bem da equipe", sendo que isso é roubar sua ideia e não dar crédito algum.

Carismáticos, motivacionais, eles sempre possuem uma frase de efeito a ser usada no imediato momento em que você pensa em contestá-lo. Vai de *Pequeno Príncipe* à *Bíblia* em segundos. Ele não bate não. Ele também não grita: sua prática é convencer a mulher – e todos em volta – de que ela está confusa, carecendo de instruções repetidas à exaustão, para guiar as suas ações, suas escolhas, suas vestimentas, suas relações pessoais. Nada mais fofo, sufocante e violento que um homem assim. O pior de tudo é que, distraídas de nosso compromisso com nós mesmas, chegamos até a agradecê-los por tudo que fizeram: "obrigada, boa tarde, fica com o troco".

O MACHISTA *NERD*

Apesar de existir faz muito tempo, esse tipo de machista se escondia muito bem por trás da sua carapuça de pobre menino mal amado e incompreendido na adolescência. Muito antes da internet, esse machista já habitava os cantos recônditos das mesas de RPG, mas agora a internet trouxe para obviedade o machismo que, até então, estava disfarçado de incapacidade de socialização.

Nerds acham – ou fingem que acham – que o fato de não constituírem o estereótipo ideal do macho alfa eles seriam incapazes de violentarem mulheres. Mas o cubo mágico é bem mais complexo que isso, pois a suposta dificuldade com mulheres ao longo da infância e adolescência, reiterada pelos lugares-comuns de qualquer comédia romântica idiota, de alguma maneira, autorizaram esses pobres rejeitados a se enclausurarem na sua roda, formada de outros homens igualmente machistas, e deslegitimarem qualquer conhecimento feminino. Só eles entendem o suficiente seja lá do que for.

Para que o *nerd* possa existir e se justificar como tal, algumas outras identidades sociais precisaram ser criadas: a mulher gostosa e burra, sonho de consumo *nerd*, e sobre a qual o único poder que ele pode exercer é o conhecimento infinito sobre determinado assunto, e a mulher feia, também *nerd*, que não é gostosa o suficiente para ser desejada como mulher, mas também não é homem suficiente para ser respeitada, seja em conversas sobre filmes, quadrinhos, séries ou jogos.

Essas identidades só se conservam em cima do pressuposto básico da competição feminina. E como eles alimentam isso? Com as boas e velhas frases: "Nossa, sempre sonhei com uma menina que soubesse jogar", ou ainda: "você entende de quadrinhos. Uau, nunca vi uma mulher que entende de quadrinhos!". Só uma mulher pode existir ali – é assim em vários quadrinhos de super-heróis, como *O Quarteto Fantástico* ou mesmo *A Liga da Justiça* – e o máximo de atenção que ela vai conseguir é ser objetificada e objeto de competição entre os homens.

Tão ou mais violento que o machista *old school* que acha que mulher não sabe nada de futebol, o machista *nerd* criou alguns espaços que só homens podem adentrar e entender. Eles reproduzem o que veem na maioria das histórias – desenhadas por outros machistas *nerds*:

a mulher servindo como objeto decorativo sensual. Não importa o quão forte, inteligente e corajosa seja a Mulher Maravilha, o que importa é que ela seja sensual o suficiente para dar conta dos impulsos sexuais desses homens que, por não se verem confortáveis na vida real, também são incapazes de se relacionar com mulheres reais. Eu sei que dói para eles a projeção, também idealizada, dos super-heróis fortes, viris e pegadores. Ainda assim, a pluralidade de existência desses super-heróis e o simples fato de eles aparecerem vestidos já me lembra que não há legitimação de nenhuma forma de opressão, nem mesmo a que faz *cosplay*.

O perigo do machista *nerd* é que ele fala baixo, quando fala pessoalmente. Geralmente, seu escudo favorito é o computador: agride via jogos *onlines* e redes sociais, acusando as mulheres de errarem por serem mulheres ou de vencerem por serem mulheres – e, portanto, favorecidas. Esses mesmos cruéis acusadores, sem a proteção do avatar de mago, mal conseguem olhar nos olhos de quem xingaram alguns minutos antes. Fogem. O machista *nerd* adora dizer que foi posto na *friendzone** ao invés de valorizar uma amizade que podia ser muito massa com uma mulher. É, ele sabe todos os nomes dos *pokemóns*, mas nunca soube que existe amizade entre homens e mulheres e que, pasme, é possível não as objetificar.

O machista *nerd* acha que precisa se vingar do mundo que o rejeitou. Cara, vamos lá, cresce um pouco: mulheres podem saber tanto ou mais que você sobre qualquer coisa; mulheres podem errar tanto quanto qualquer um em qualquer jogo e isso não se justifica em gênero. E mais: ter sido excluído a vida toda não te faz melhor. Dedique a olhar o mundo com o mesmo carinho que você olha seu umbigo e você percebe que você não está tão distante assim da atitude brutal do cara escroto que te silenciou.

O MACHISTA GAY

Nota: aqui não vai ter deboche. Não cabe. Não convém. A opressão atira para muitos lados.

Eu sei que parece incoerente e é mesmo, mas não é nada raro encontrar por aí homens cisgêneros homossexuais que são muito machistas. É claro que o machismo não respalda exclusivamente nas mulheres – apesar de incidir nelas de maneira muito mais massacrante –, ele também toca muito fortemente homens que fugiram, seja de que forma for, do padrão de comportamento masculino desejável. O que intriga é como um homem cisgênero homossexual, que sofre com o machismo, consegue o reproduzir?

De diferentes formas. Pode ser com piadas misóginas em relação ao corpo feminino: "credo, raxa"; "sai daqui com sua buceta", "peitos, eca!"; seja transformando questões femininas em questões secundárias ou menos importantes, "ai, isso é coisa de mulher"; "ainda bem que eu gosto de homem"; "deus me livre aguentar TPM"; seja, ainda, corroborando com lugares comuns do comportamento masculino tóxico, como a agressividade, a dificuldade de reconhecer o privilégio e a imposição de padrões de comportamento, como desvalorizar a capacidade feminina em fazer algo.

Dentro do próprio movimento LGBT,* mulheres lésbicas, bissexuais e trans* acabam sendo invisibilizadas e o tal "orgulho gay", não raro, fica preso ao padrão branco, cisgênero e que reproduz, em um relacionamento homoafetivo e homossexual, a própria heternormatividade. Enquanto as siglas L e T são constantemente ignoradas, homens gays cisgêneros continuam reproduzindo o privilégio, criando festas exclusivas. Dá para acreditar que existem homens homossexuais que hierarquizam – e, nesse movimento, inferiorizam – tipos de homossexuais? O que menos parecer homossexual ganha. É evidente que, quanto mais associado ao feminino, mais preconceito ele sofre. Nessa atitude homofóbica – sim! – escancarada, há o óbvio: tudo que é vinculado à mulher – ao feminino, de modo geral – é depreciado.

Homens cisgêneros homossexuais sofrem de homofobia, consequência direta do machismo. Porém, crescido na cultura machista e prenhe de privilégios por ser homem, pode ser mais um tipo de machista com quem temos que lidar. E haja desconstrução.

— **Mas você fala tanto em violência, será mesmo que tudo isso que você chama de violência é realmente preocupante? Por que tudo isso é tão grave?**

O MACHISMO MATA

É difícil entender a violência de gênero como um processo. Poucas pessoas reconhecem, no bolo, a farinha que o constitui e os ovos que foram quebrados. Poucas pessoas reconhecem, no feminicídio, a cantada, o chaveco, a piada, a brincadeira supostamente descompromissada. Dói, é verdade, mas é preciso admitir que estamos inseridos nesse violento processo que culmina no feminicídio. Você também, senhor. Você também causa o feminicídio.

— Mas o que é o feminicídio?

O feminicídio é a violência de gênero mais grave – contra a mulher – isto é, a morte, não por latrocínio – assalto seguido de morte –, não atropelada porque passava fora da faixa de pedestres, não por bala perdida. A morte em decorrência de gênero é a morte de mulheres causada por *serem* mulheres, e por nada além disso. É como se alguém o matasse só por ser homem, já imaginou?

Os números sobre isso são absolutamente assustadores. Sabia que é mais recorrente uma mulher ser morta por um homem do que por câncer? Pois é. Células cancerígenas, além disso, podem ser arrancadas e há tratamentos possíveis. O mal que resulta no feminicídio está impregnado na cultura mundial e sua cura é lenta, progressiva e compartilhada – ou seja, se você não fizer sua parte, não vai mudar.

A ONU alerta: sete em cada dez mulheres do mundo sofreram, estão sofrendo ou sofrerão alguma agressão por serem mulheres. Ou seja, imagine que você faz parte de um time de futebol. Então, o seu time vai jogar com outro que tem fama de ser muito violento, cujos jogadores tendem a machucar aqueles com quem dividem espaço, e, nesse jogo, dos outros dez colegas do seu time, somente três não saíram feridos, ou porque se esconderam, ou porque deram sorte de não serem vistos. Alguns que não foram agredidos não quiseram terminar a partida, "só" por medo. Nenhum de vocês chegou perto da linha do gol porque chamar a atenção – mesmo por algo positivo – é perigoso. Você mesmo gostaria de ser absolutamente invisível ao longo do jogo, para ninguém machucá-lo, porém, não deu. No fim, você levou um soco no estômago e não conseguiu jogar. A torcida riu e disse: a culpa é sua, porque ofereceu seu corpo para o outro massacrar. Oferecido, fraco, frágil.

No fim, desolado e entristecido, você corre ao vestiário e encontra o seu técnico. Imagina que nele estará o conforto, o consolo, o carinho, mas ele também o espanca, maltrata e desmoraliza. Afinal, sendo tão próximo, ele se sente o seu dono e ainda diz que a culpa foi toda sua. Imaginou?

Pois bem, é assim a lógica da violência contra mulher: transformada em objeto, ela pode ser maltratada por toda a sociedade, que a culpabiliza por todas as violências, inclusive o estupro. Mulheres também não têm incentivo para terem destaque na vida social e quando ganham visibilidade em suas carreiras, em geral sofrem. E não é só a rua que nos oferece perigo. Dados da Secretaria de Políticas para as Mulheres da

Presidência da República, a partir dos balanços do Ligue180, indicam que 85,85% das denúncias de agressão são relatadas sobre o ambiente familiar. Cerca de 35% por parceiro íntimo. Por serem objetificadas, as mulheres podem ser manipuladas pela família, sociedade e parceiros. É nesse ambiente que surgem os "crimes em defesa da honra".

CRIMES EM DEFESA DA HONRA

A primeira estância que objetifica a mulher – antes do parceiro íntimo – é a própria família. Crimes em defesa da honra são aqueles praticados pela família que autoriza a violência como punição pela transgressão cometida, como se relacionar sexualmente antes do casamento ou violar algum tabu social. A ONU estima que pelo menos cinco mil mulheres são mortas anualmente sob a justificativa de "defender a honra manchada da família", isso sem mencionar uma série de torturas psicológicas e físicas sofridas por essas mulheres. No ano de 2016, a feminista Qandeel Baloch foi estrangulada até a morte pelo próprio irmão que dizia que ela desonrava a família. A *web* celebridade discutia comportamentos sexuais, posicionamento feminino, além de postar fotos sensuais de si mesma, que eram constantemente fonte de ameaça por causa do irmão.

— Mas é porque no Oriente Médio...

Nem termine essa frase, eu sei bem a besteira que você vai falar. É evidente que há uma relação diferente com a própria exposição do corpo se considerarmos as práticas religiosas e culturais dos diferentes países, mas isso não invalida em nada que, no Brasil também, um país supostamente democrático e livre, a honra de uma mulher – que, na verdade, é só o direito que ela tem de ser livre em relação ao próprio corpo – ainda seja uma suposta responsabilidade da família. Sob a desculpa de crimes passionais, mulheres são mortas cotidianamente no Brasil, quando não passam por uma série de torturas vindas de pais, padrastos, tios, etc.

— Eu entendo que existem pais, padrastos, tios, namorados etc. que machucam mulheres, acontece que eu não faço isso. Eu não seria capaz de levantar um dedo para uma mulher.

E quem disse que a violência é somente física? No contexto brasileiro, achamos um absurdo que uma mulher seja apedrejada por ter ocasionalmente se envolvido extraconjugalmente com alguém. Porém, somos os primeiros a tolerar a violência psicológica contra essas mulheres, como foi o caso da manicure Fabíola Barros, que foi filmada pelo marido indo ao motel com seu amante. O marido, além de destruir o carro, divulgou o vídeo em todas as redes sociais, humilhando a esposa que, em pouco tempo, passou a ser alvo de ataques de toda ordem. Além da atitude do marido ser vista como justificável, ela é emancipada e dá espaço ao ciclo de violência e ciberviolência inesgotável

— Mas elas fazem por merecer!

Não. Ninguém faz. Nenhuma violência se justifica. Pense na sua vida: quantos homens, no âmbito pessoal, profissional e inclusive na mídia, que você conhece que traíram ou traem suas esposas sem que isso seja visto como algo condenável moralmente? Ou que seja justificado pela desculpa "é coisa de homem"?

Há muito tempo que a relação assimétrica entre homens e mulheres inclui, também, a assimetria dos relacionamentos amorosos e da sexualidade. Não tratamos de igual maneira a relação de uma adolescente com o corpo e a própria sexualidade como o fazemos com os rapazes.

Responda, para você mesmo, o seguinte questionamento: o que você faria se você visse o seu filho adolescente, irmão, ou primo se masturbando? Imagino que além do natural constrangimento, você diria que "é coisa de garoto". Tente inverter: dessa vez é a sua prima adolescente, filha, sobrinha, irmã que está se masturbando. Como você se sentiria? Provavelmente constrangido e assustado.

Pense nos apelidinhos dados à masturbação masculina. E em relação à feminina? Se tem, é sempre relacionado a um homem masturbando uma mulher e nunca ela mesma. É claro que a probabilidade de uma menina ou adolescente, ou mesmo uma mulher adulta, masturbar-se e conhecer o próprio corpo é ínfima. Porque não lhes é ensinado, mas deveria.

— Eita, calma! Ninguém me ensinou
também, não. Nem vem, sai fora!

Certeza que não? Nem os comentários dos seus tios? Nem o filme besteirol que você assistia naturalmente com seus pais? Pois é. Há um instinto que leva a criança a se tocar, seja ela menino ou menina. A diferença é que esse desejo foi cruelmente reprimido na sua irmã e enaltecido por piadinhas, como "jogar um 5 a 1" em você. O resultado disso é um grande número de mulheres que chegam na vida adulta com desconhecimento da própria anatomia, sem saber o que lhes dá prazer, sem conhecer a própria vagina. Não olham, nem com um espelhinho. Não se tocam, não se exploram. São estranhas ao próprio corpo.

Assim, no estágio menos violento, surgem mulheres que não atingem o orgasmo durante uma vida; no mais violento, mulheres que entram na lógica do estupro consentido, transando sem vontade e sendo, inúmeras vezes, relegadas a situação de frígidas.

A INCRÍVEL SOCIEDADE DAS MAL COMIDAS

Com frequência, o termo "mal comida" é utilizado para se referir à mulheres que estejam chateadas, irritadas ou apenas questionando algo que lhes foi imposto. Acontece que as "mal comidas" são só uma releitura de algo muito, mas muito antigo. A crença de que a mulher se torna uma pessoa pior quando não exposta a relações sexuais com homens. É o mesmo caso da tia solteirona ou da própria ideia de bruxa, uma mulher feia, sem filhos e que sempre tenta fazer o mal.

Mas nessa sua casa heteronormativa,* você nunca parou para pensar que chamar alguém de mal comida é necessariamente ambivalente. Se há uma mulher mal comida no mundo, há quem não soube comer. Quem será que foi, bonitão?

A realidade é que uma maioria massacrante de mulheres fazem sexo sentindo pouco ou nenhum prazer e não é por culpa delas. Mas não, não é isso que as deixa irritadas em situações exteriores. O que as deixa irritadas são vocês que justificam a incapacidade de diálogo nessa lendinha mais ou menos de falta de sexo.

É um mito creditar o desejo sexual a algo exclusivamente masculino, porém, quando dizemos que mulheres fazem um sexo muito ruim é porque ainda é muito recente – pouco difundido, inclusive – que a relação sexual heterossexual não se resume à penetração e que o prazer da mulher passa pelo clitóris.

— Eu sabia! Eu sabia! Sabia que você ia falar dessa incrível e desconhecida utopia, o encontro do clitóris.

É claro que eu vou falar. Não deveria ser desprezível a existência de um órgão sexual, exclusivamente feminino cisgênero e exclusivamente voltado para o prazer. E insistentemente deixado de lado: seja por desprezo, seja pela total ignorância.

CLITÓRIS: A LENDA DE ELDORADO

Nos séculos XV e XVI, desenvolveram-se as grandes Navegações. Lembra que na aula de História você aprendeu que os europeus descobriam a América? Pois é, é desse genocídio colonizador, o "descobrimento", que eu estou falando. Nessa época, não faltaram lendas que percorriam o imaginário do povo, e uma das que mais se difundiu foi a lenda de Eldorado.

Eldorado – El Dorado – era a atribuição dada ao rei de uma civilização que seria toda repleta de ouro, na qual, inclusive, o próprio rei se banhava de pó de ouro. Sobre a localização de Eldorado, a lenda tem subdivisões, mas em terras brasileiras, em geral, conta-se que Eldorado fica em algum lugar na densa floresta amazônica. Se alguém achou Eldorado, não disse, mas parece que lá é um lugar absolutamente maravilhoso, onde nenhuma riqueza jamais faltou.

Alguns homens tratam a descoberta do clitóris quase como a descoberta de Eldorado. Se aos seus olhos isso parece algo positivo – "vejo o corpo da mulher como um mundo de riquezas" –, eu tenho que confessar que, na realidade, é bastante deprimente. Cara, você não deveria passar a vida procurando o clitóris e achando que, ao localizá-lo, todos os seus problemas se resolveriam. É evidente que é preciso valorizar sua tentativa de procura e não nego que isso já é uma microevolução diante da imensidão de homens que simplesmente desprezam a existência clitoriana; mas a verdade é que, quando encontram, quase nenhum homem sabe lidar com ele. Acham que é um botão de liga/desliga que, se apertado com força, vai, de repente, despertar a mulher; ou, pior, lidam com ele como a minha avó lida com o videogame, apertando botões freneticamente para ver se acontece algo. Às vezes, ela pode conseguir um *fatality*, mas a custa disso é machucar *muito* o controle quando não resulta, meramente, em movimentos repetitivos e desordenados que não chegam a lugar algum.

E não é à toa que você não sabe como lidar com o clitóris, nem como valorizá-lo. Muitas mulheres também não sabem – já que não ensinamos – e quando sabem, calam-se. Porque, lembre-se: fomos ensinadas a ser lindas, enquanto o poder foi todo dedicado a vocês, e vocês veem – como bons adestrados que foram – a performance sexual como ápice do poder. Imagina se, no meio de uma transa nada fenomenal – na qual você acha que quase conseguiu atingir o nirvana –, a mulher diz que não tá gostoso, que tá incomodando, ou que é mais para o lado? Trocando em miúdos: que você trepa mal.

— Trepo nada. É que...

Trepa sim. Muitos de vocês trepam. Não temos uma abertura para discutir sexo saudável. E ainda que seja uma violência absolutamente imensa a ideia de que mulheres, cotidianamente, tem uma parcela do seu prazer totalmente relegado e desprezado, no cálculo geral da violência, o clitóris passa por outra violação muito mais grave do que a sua incapacidade sexual, *a mutilação genital*.

– **Mutilação?** A Unicef calcula que, atualmente, pelo menos 200 milhões de meninas e mulheres já foram mutiladas genitalmente. Durante a próxima década, cerca de 30 milhões de meninas correm o risco de serem submetidas a essa prática que é recorrente em 30 países ao redor do mundo. São muitos os estudos que tentam compreender esse ato, e a maioria deles giram em torno de três grandes núcleos:

- a "limpeza" ou "pureza" da mulher;
- a ideia de que o clitóris competiria com o pênis;
- a ideia de que o prazer não é propício para mulheres.

— Que situação terrível!

Agora o que surpreende mais ainda é que, mesmo você estando absolutamente terrificado com essa história e tentando minimamente imaginar a dor a que essas mulheres são submetidas – e a vida de sofrimento que se segue dessa prática que deixa sequelas psicológicas e físicas para o resto da vida –, acredito que você seja capaz de lembrar de ao menos uma situação em que acreditou que a mulher deve ser limpa e pura, ou achou ruim que a mulher tenha se masturbado enquanto você a penetrava – afinal, seu querido pênis não foi o suficiente? – ou mesmo se incomodou ao saber que a mulher com quem você se relaciona faz sexo por prazer e não porque acha que você pretende casar e ter oito filhos com ela.

— Eu não acho não, só acho que não tem que ser no primeiro encontro, porque aí...

Por que aí o quê? Você não acha estranho que você tenha tesão suficiente por uma pessoa a ponto de querer transar com ela de imediato, mas acha que uma mulher não pode sentir tesão o suficiente para transar com você?

Das duas, uma: ou você é absolutamente desinteressante – por isso, ela não quer mesmo – ou você é um idiota que não percebeu que, ao esperar da mulher que ela seja "difícil", ou que ela "se dê ao respeito", você também está, em certa medida, mutilando a sexualidade dela, do mesmo modo como você terrivelmente viu que "o outro" – o problema é sempre o outro, né? – faz! Você segue sendo cúmplice de uma cultura que machuca e mata, todos os dias.

— Não é bem assim... Acho que a mulher pode ser uma puta na cama, se ela for uma dama na sociedade.

Essa frase só reflete mais uma dicotomia violenta. Ao longo da história, não foram poucas as vezes em que as mulheres foram divididas entre "a puta" e "a dama". Se a gente se debruçar rapidinho sobre a história da literatura ocidental, não faltarão exemplos e estruturas que se repetem, consolidando e cristalizando estereótipos violentos sobre mulheres que as mantêm presas, física e psicologicamente.

A CULTURA OCIDENTAL

Nossa cultura, como você, que prestou atenção direitinho nas aulas de História, sabe, tem duas bases fortíssimas: a tradição Greco-latina e a Judaico-cristã. Vou escolher algumas historinhas contadas por essas civilizações que ajudam a estabelecer esse imaginário maluco que construiu tudo que você conhece e que está tão embrenhado na nossa memória coletiva que *naturaliza* comportamentos que não são *naturais*. Vamos começar com a maravilhosa mitologia grega, inspiração há muitos – muitos – séculos e nossa fonte direta de tudo que entendemos no espectro geral da palavra "cultura".

ATENA E MEDUSA

Conhece a história de Atena? Sim, a deusa da sabedoria. Essa mesma. A deusa da sabedoria nasceu da cabeça de um homem, Zeus, depois que o deus dos deuses teve uma super dor de cabeça. Isso porque ele tinha engolido a mãe de Atenas, que estava grávida. Pois é. Engolir filhos até que era uma prática comum na família do Zeus. Ele mesmo teve que rasgar a barriga do pai para libertar seus irmãos que eram frequentemente engolidos pelo pai, Cronos, o qual morria de medo de ser destronado. E foi. Pelo filho homem, é claro.

Voltemos à deusa da sabedoria e honestidade, Atenas. Achou que seria fácil assim? De repente, a inteligência vinculada a mulher? Então deixa eu te contar uma historinha sobre essa deusa tão sábia.

No seu tempo, Atenas sempre teve sacerdotisas que precisavam permanecer virgens. Uma de suas sacerdotisas era uma mulher muito, mas muito bonita, de nome Medusa. A beleza de Medusa seduzia a todos, inclusive o deus dos mares, Poseidon, que não era desses muito fãs de ser contrariado. Mas ele não deixou por menos a rejeição de Medusa, foi até o templo de Atenas e deu aquela forçada de barra romantizada dos mitos – o nosso já conhecido estupro. Por não ser mais virgem, Medusa foi expulsa da função de sacerdotisa. Além disso, Atena, enraivecida, amaldiçoou-a, transformando seu lindo rosto em algo monstruoso, uma Górgona. Sabe como é, né? Bem feio, cobras no lugar de cabelo e tal. Não bastasse isso, todos aqueles que olhassem no seu rosto virariam pedra. Foi morar no limite entre o reino dos vivos e o reino dos mortos, envolta entre um monte de estátuas. Tudo isso por quê? Porque era bonita demais. Conhece essa história de que a beleza feminina é sedutora e perigosa? Mitologia pura, vem cá que eu te conto mais uma.

ZEUS, O PEGADOR

A gente tava aqui falando de Zeus, né? Ou Júpiter, se você preferir a tradição latina. Preste atenção, rapaz, que esse é o tal deus dos deuses. Pelas últimas contas mitológicas, ele engravidou mais de 100 criaturas – deusas, ninfas, mortais. E tudo isso com cada formato que você nem acredita: como homem, como touro branco – sim –, como chuva dourada – juro para você –, como Zeus mesmo. Ele apelava para o que precisasse. O mais temido, o mais fortão. Homem, curiosamente. Pegador de um monte de mulheres, curiosamente. Várias dessas seduções, inclusive, feitas apelando para magia, curiosamente. Cheio de filho não criado, de responsabilidade fugida. Mitologia pura, vem cá que eu te conto mais uma.

TIRÉSIAS

Um dia, Júpiter – ou Zeus, dá na mesma, né? – estava brigando com Juno – ou Hera, sua esposa e também irmã – justamente para decidir quem teria mais prazer na hora do sexo. Ninguém explica direito porque, mas parece que, se a gente tem menos prazer que o outro, algumas ações ficariam justificadas. Tipo Júpiter ser o pica das galáxias... – literalmente! Juno dizia que eram os homens; Júpiter que eram as mulheres. Tirésias foi chamado para decidir. Por que ele? Isso é outra história. Vou contar.

Um dia, Tirésias passeava por aí quando viu duas serpentes copulando e, porque era um empata foda, resolveu separá-las. O que ele não sabia é que essa cópula era sagrada e que sua ação teria como consequência, uma maldição: Tirésias havia sido transformado em mulher.

Passado um tempo, Tirésias viu *de novo* uma cópula de serpentes e pensou que atrapalhando uma cópula de serpentes, mais uma vez, ele voltaria a ser homem. Deu certo!

Uma vez tendo sido mulher e homem, Tirésias tinha conhecimento de causa, e foi chamado para decidir quem sentia mais prazer. Pois bem, a resposta do Tirésias é um clássico. "Se o prazer pudesse ser medido numa escala de 0 a 10, as mulheres ficam com 9 e os homens com 1". Essa resposta bem que concordava com a de Júpiter, a mulher sentia mais prazer, o que o autorizaria fazer o que quisesse para compensar isso.

Juno ficou injuriada e cegou Tirésias. Júpiter, que era cara bem companheiro, deu a ele, em troca da visão perdida, o dom da vidência. Parece uma história que acaba relativamente bem, mas tem uma pergunta que a gente se faz.

Por que, se 90% do prazer é feminino, ele quis voltar a ser homem? Será que ser homem é tão mais fácil que compensa? Tem muito privilégio envolvido aí, senhor. Esse vidente não me engana. Mas homem ter privilégio e adorar justificar na possibilidade do prazer a sua traição é mitologia pura. Vem cá que eu te conto mais uma.

PANDORA

Essa é a minha preferida. Houve um tempo mitológico em que o mundo não possuía mulheres, só homens e deuses. Aparentemente, era tudo uma maravilha. Sem guerras, sem doenças, sem brigas. Só amor, companheirismo, futebol e amendoim. Um belo dia, um rapaz descolado, chamado Prometeu, sentiu falta do fogo na terra. Ele achava meio injusta essa história de só os deuses podiam controlar o fogo e, por isso achou que era uma boa ideia roubar o fogo dos deuses – talvez ele quisesse tostar o amendoim. Foi lá, roubou e no que deu?

Deu que o pegador da história, que já te contei, Zeus, ficou bem bravo e resolveu se vingar dele. Sabe como? Criando a primeira mulher, Pandora. Essa mulher tinha a função de atrapalhar a vida dos homens e foi dada de presente – *de presente!* – ao irmão de Prometeu, Epimeteu, que acabou se casando com ela.

Pandora foi forjada pelo deus escultor e todos os seus dons foram dados pelos demais. Afrodite deu beleza, Atenas deu sabedoria e, diz o mito, que Hermes a ensinou como mentir. Ela carregava consigo uma jarra, mas junto com sua existência de mulher, Pandora carregava uma extrema curiosidade, responsável por fazê-la abrir a jarra. A jarra é a tal caixa de pandora. Lá, estavam os males que Zeus, de maneira bastante sagaz, tinha colocado para que se espalhassem pela terra. Zeus sabia que Pandora faria isso. Correndo, ela fechou a tampa da caixa, só dando tempo de deixar escondido, no seu fundo, a esperança.

Recapitulando: a mulher foi criada para punir os homens, espalhando na terra os males. Além de tudo, ela era altamente curiosa. *Naturalmente* curiosa. Bacana, né? Mitologia pura, vem cá que eu te conto mais uma.

ULISSES E PENÉLOPE

Lembra da guerra de Tróia, né? Pois é, terminou com o cavalo de madeira dos gregos e uma briga sem fim. O grande herói da guerra de Tróia era Ulisses – em grego, Odisseo – e sua volta para Ítaca – ilha em que era rei – não foi nada fácil. O herói arrumou tanta briga que acabou sendo levado pelos mares para as ilhas mais malucas. A saída da guerra de Tróia até sua chegada em Ítaca durou vinte anos. Calcula aí: duas décadas. E a sua linda esposa Penélope, que ele deixou para ir para a Guerra? Esperou, durante vinte anos, sem deixar ninguém sequer se aproximar dela.

O Ulisses? Bem, desse daí a gente não pode dizer a mesma coisa, porque acho que ele bem que aproveitou. Foi de ilha em ilha, pegando deusa, humana, batendo papo com sereia. Pobrezinho, sempre sendo muito seduzido por elas, sem possibilidade nenhuma de recusar aos seus encantos. Porque, diz a epopeia, que Ulisses era constantemente ludibriado pelas deusas. Que dó! Mas ele voltou para casa a tempo de impedir que a esposa se casasse de novo, salvando seu reinado e sua honra. Maravilhoso, não é? Epopeia incrível! Um cara que pega geral vinte anos, faz e acontece enquanto a mulher dele espera, em casa. Quieta. Reclusa. Enfim, só na mitologia mesmo. Vem cá que eu te conto mais uma, agora de outra tradição que a gente conhece bem.

ADÃO E EVA

Essa história também se passa em um mundo que tava tudo bem, chamava Jardim do Éden. Não tinha briga, nem sofrimento, nem dor, era uma festinha eterna de alegria e felicidade. Deus – o dono da festa – havia criado o homem a sua imagem e semelhança e deu a ele o nome de Adão. Com o tempo, porém, percebeu que Adão andava meio sozinho, cabisbaixo, solitário. Resolveu criar uma companhia para o rapaz, e, da sua costela com um arremate de barro, criou a primeira mulher, Eva.

Deus avisou: "não come o fruto daquela árvore ali". Mas já viu, né? Veio a serpente e convenceu a Eva de que aquele fruto era a nova sensação. E Eva comeu, oferecendo a Adão – afinal, ela tava ali para entreter mesmo. Só que, tcharã! Ao comerem o fruto, eles perceberam que estavam nus, já que aquela árvore – e, portanto, aquele fruto – era "do conhecimento". Adão e Eva adquiriram discernimento e foram expulsos do paraíso. Por ter sido tão errada, e *naturalmente* curiosa, Eva foi amaldiçoada com as dores da gravidez e da menstruação. Quem mandou ser tão curiosa, Eva? Parece até a sua amiguinha Pandora.

JESUS E A PECADORA

Ao longo de toda a Bíblia, vários tipos de mulheres são apresentados. A juíza Débora, a rainha Ester, a rainha do Cântico dos cânticos, Maria e Marta ou Verônica. A história dessas mulheres, porém, é bem menos contada que a de duas que ocupam polos opostos: a Maria, Santa, e a Maria, pecadora. A Maria, que é Santa é mãe de Cristo, capaz de conceber virgem o próprio filho de Deus; a outra Maria é a pecadora, Maria Madalena, salva por Jesus do apedrejamento.

Essa distinção entre santa e pecadora ganha ainda contornos bastante atuais. Esse tanto de historinha é o que dá início à cultura ocidental, tão obviamente marcada por um mundo fantasioso em que mulheres são meras distrações criadas para prejudicar, em maior ou menor medida, a vida dos homens.

Quando, porém, lemos sobre uma feiticeira atirada às águas, sobre uma mulher possuída por demônios, sobre uma bruxa que vendia ervas, ou até sobre um homem muito notável que tinha mãe, então penso estarmos na trilha de uma romancista perdida, uma poetisa reprimida, de alguma Jane Austen muda e inglória, alguma Emily Brontë que fazia saltar os miolos no pantanal ou careteava pelas estradas, enlouquecida pela tortura que o talento lhe impunha. De fato, eu me arriscaria a supor que Anônimo, que escreveu tantos poemas sem assiná-los, foi muitas vezes uma mulher. Foi uma mulher que Edward Fitzgerald, creio, sugeriu ter feito as baladas e as cantigas folclóricas, cantarolando-as para seus filhos, distraindo-se com elas na roda de fiar ou nas longas noites de inverno.

> WOOLF, Virginia. *Um teto todo seu.* São Paulo: Tordesilhas, 2014. p. 73.

A BRUXA

Ao longo da sua vida, você já deve ter ouvido falar das bruxas. As mulheres solitárias, amargas, sem filhos e sem marido, que vivem na floresta e são cruéis. Usam de sua magia para seduzir homens, roubar bebês e crianças – às vezes, para comê-los – e destruir famílias. Essas mulheres, que competem diretamente com as angelicais princesas das histórias, povoam o imaginário de diversas maneiras. Seja nas lendas contadas, nas histórias escritas, nos filmes da Disney ou de Hollywood, ou, ainda, nas novelas brasileiras.

A bruxa, porém, não é uma personagem ingênua da literatura. Essa construção ficcional é altamente violenta para as mulheres, pelo que as fez passar e pelo que ainda faz. Não é à toa que o movimento feminista reivindica a imagem da bruxa como um dos seus símbolos de resistência. As bruxas eram mulheres que sempre estiveram fora do que o patriarcado havia dito que era o ideal, isto é, o casamento, a vida em sociedade, a submissão, os filhos e, acima de tudo, o desconhecimento.

Como Eva, que adquiriu o conhecimento e foi punida; como Medusa, que deveria ser virgem e sem conhecimento para ser sacerdotisa; às mulheres, nunca foi dado o conhecimento. Mulheres que sabem, isto é, que *conhecem*, são perigosas, altamente perigosas. O patriarcado precisa mantê-las na ignorância para facilitar o processo violento de submissão.

Acontece, porém, que as mulheres nunca se contentaram com essa posição. As bruxas, essas figuras tão malditas, sempre foram mulheres conhecedoras de ervas, de enfermagem, de obstetrícia, quando, não raro, eram as responsáveis pelos abortos que deviam ser feitos para a manutenção da ordem patriarcal moralista que culpava as mulheres de qualquer tipo de concepção. O fato da figura da bruxa ser representativa para o feminismo também está no fato de que um verdadeiro genocídio foi feito com as mulheres em nome da "caça às bruxas", durante um longo período da história da humanidade.

Na realidade, mulheres ainda vêm sendo mortas por outros tipos de fogueira e eram mortas antes disso, porém, esse período permitiu que o patriarcado assentasse, em definitivo, algumas estruturas muito violentas e repetidas em série para dizimar a possibilidade de emancipação feminina. Naquela época, como hoje ainda, qualquer pessoa podia ser denunciada ao "Tribunal da Inquisição" para ser investigada.

— Como assim até hoje? Não existem mais fogueiras.

Mas existe a moralidade que se acha no direito de matar, linchar e executar pessoas, como se fossem acima da lei. No ano de 2014, na cidade do Guarujá, litoral de SP, Fabiana Maria de Jesus foi linchada até a morte por moradores, depois de um boato circular em redes sociais dizendo que ela sequestrava crianças e praticava rituais de magia negra com elas. Tudo isso a partir de um retrato falado divulgado numa página sensacionalista.

As fogueiras são outras, mas a desculpa da ligação com o demônio sempre foi muito conveniente para culpar mulheres sobre qualquer coisa. Na época da caça às bruxas, por exemplo, a maioria massacrante dos suspeitos eram mulheres, que não eram mortas enquanto não confessassem um pacto com o demônio.

— Então tinha que ter ligação com o demônio?

Acho que até você confessaria uma ligação com o demônio nessas horas, porque os presos passavam por uma série de torturas. Além disso, diversas marcas eram passíveis de ser consideradas como uma ligação com o demônio.

Depois de raspar os pelos de todo o corpo, a inquisição procurava por verrugas, manchas ou sardas, perfuração da língua. Os seios das mulheres eram mutilados, o corpo coberto de agulhas, buscando lugares indolores, supostamente tocados pelo diabo; se, mesmo com tudo isso, a mulher não confessasse sua ligação com o demônio, era queimada viva. As que, diante dessa série de horrores, confessavam, eram mortas antes de serem queimadas, geralmente por estrangulamento.

O esquema de denúncia e de caça às bruxas era um negócio, remunerado. Havia, além dessa vontade de manter a estrutura social tal qual ela é, um interesse financeiro em cada uma dessas denúncias. Essas "bruxas" criavam um mercado paralelo de venda de ervas e de ajuda com problemas de saúde, o que irritava muito o poder local, detentor da questão econômica. Não à toa a caça era paga. Tão rentável e bem organizado foi esse processo que seu fim foi só no século XVIII, depois de ter dizimado a vida e a história de dezenas de mulheres, entre elas Joana D'Arc.

Para reconquistar o centro das atenções e o poder, a Igreja Católica efetivou a conhecida "caça às bruxas". Com o apoio do Estado, criou tribunais, os chamados "Tribunais da Inquisição" ou "Tribunais do Santo

Ofício", os quais perseguiam, julgavam e condenavam todas as pessoas que representavam algum tipo de ameaça às doutrinas cristãs. As penas variavam entre a prisão temporária até a morte na fogueira. Em 1484 foi publicado pela Igreja Católica o chamado Malleus Maleficarum, mais conhecido como Martelo das Bruxas. Este livro continha uma lista de requerimentos e indícios para se condenar uma bruxa. Em uma de suas passagens, afirmava claramente, que as mulheres deveriam ser mais visadas neste processo, pois estas seriam, "naturalmente", mais propensas às feitiçarias.

MENSCHIK, 1977: 132 e EHRENREICH & ENGLISH, 1984: 13 *apud* ANGELIN, Rosângela. A "caça às bruxas": uma interpretação feminista. Disponível em: <http://catarinas.info/a-caca-as-bruxas-uma-interpretacao-feminista/>. Acesso em: 01 nov. 2018.

A HISTÓRIA DE JOANA D'ARC

Joana D'Arc parece ser a história que melhor sintetiza os dois estereótipos usados para categorizar mulheres: a bruxa e a santa. Tudo começou quando a jovem Joana D'Arc, aos treze anos de idade, começou a ouvir vozes que, segundo ela, vinham acompanhadas de claridade.

A primeira vez que ouviu as vozes, Joana relatou que sentiu medo e não entendia muito bem o que acontecia. Ela contava que as vozes lhe diziam para frequentar a igreja e lutar pelo seu povo. Depois, Joana D'Arc identificou as vozes que ouvia como sendo de santos e anjos que a aconselhavam. Aos dezesseis anos precisou passar por diferentes provas e testes teológicos até ser aceita no batalhão. Até mesmo sua virgindade foi investigada. A Guerra que acontecia era uma das mais sangrentas da Europa, a Guerra dos Cem Anos, que durou, na realidade, 116 anos e foi disputada entre a França e a Inglaterra.

Joana D'Arc chegou na cidade Orleans em 1429, vestida com roupas masculinas e munida de uma bandeira branca: lá, venceu os invasores em 9 de maio de 1429. A vitória de Joana D'Arc a fez uma heroína e fortaleceu a França em um período de bastante dificuldades decorrentes da guerra. No ano seguinte, 1430, Joana foi capturada pelos aliados dos ingleses, que a venderam, como mercadoria, para o exército inglês. Joana D'Arc passou pelo processo de investigação sob a acusação de bruxa. A razão irrefutável para abertura desse processo era o fato de que a militar usava roupas masculinas – por que será que ela não lutou de saia, não é? – e as vozes que ouvia, identificadas como demoníacas.

Joana D'Arc começou a perder gradativamente a saúde porque comia alimentos envenenados, enquanto seu processo culminava com a acusação de bruxaria. De branco, foi queimada viva aos dezenove anos. De branco, foi morta e suas cinzas foram jogadas no rio Sena, para que nem pudesse haver um local de culto.

— Mas justiça foi feita, ela foi canonizada.

É verdade que, em 1920, Joana D'Arc foi canonizada. E, em aproximadamente 500 anos saiu da posição de bruxa para a posição de santa, e ao seu caráter, antes demoníaco, passou a ser visto como santo.

— E então?

E então que ela ainda é apagada dos livros de História, e com frequência sua narrativa "santa" invisibiliza sua liderança, força política, participação e ímpeto guerreiro. As narrativas sobre a vida de santas tendem a apagar a história real que ali se conta. Associar a mulher ao demoníaco foi uma das grandes forças que permitiram a manutenção e a persistência da violência em relação à mulher. Ainda hoje, as mulheres são associadas a uma sedução vil, como aquele seu amigo disse...

— Meu amigo?

É, seu amigo. Que traiu a esposa porque foi seduzido pela colega de escritório. A sedução sempre foi o mal atribuído ao demoníaco. Lúcifer é perigoso justamente porque seduz. Eu sei que beira o ridículo alguém, em pleno século 21, depois de tantos estudos sobre a racionalidade humana e a possibilidade da ética – como decisão racional – culpar o outro por uma atitude tomada. Mas é tão mais fácil jogar a culpa no outro, não é? E esse estereótipo da mulher sedutora, arma vil do demônio, sempre foi muito bem aproveitado. Até usaram a menstruação para provar, enfim, que a marca do diabo sempre esteve em nós.

A MENSTRUAÇÃO

O terceiro livro do Antigo Testamento, o Levítico, é um livro legislativo, e nele instaura regras religiosas que devem ser seguidas. Como todo livro, a Bíblia também tem historicidade, mas a cultura herdada dela, várias vezes, ignora essa informação. Aliás, a historicidade da Bíblia parece ser bem seletiva aos olhos de quem a lê. Nesse livro de condutas, por exemplo, há a separação entre os puros e impuros – a discussão sobre lepra está aí. As impurezas do corpo da mulher e do homem são claramente demarcadas: no homem, o sêmen; nas mulheres, a menstruação.

De acordo com o Levítico, a mulher fica impura por sete dias depois do seu fluxo e deve ser segregada socialmente para não contaminar os demais. Algumas tradições indígenas, longe de serem cristãs, também veem a menstruação como problemática e separam as mulheres menstruadas dos demais habitantes da tribo.

O sangue menstrual quase sempre foi alcunhado de "sujeira" e de imundície.

— Mas é que é nojento!

Você morre de nojinho de menstruação? Não é tamanha a diferença entre você e a Idade Média, então. Naquela época, não era raro que crianças ruivas que nascessem fossem mortas, pois, supostamente, a mãe as havia as concebido durante o período menstrual. Esse nojo criado pelo sangue menstrual é cultivado por mulheres, mas, principalmente, por homens. O nojo foi uma maneira brilhante que o patriarcado encontrou de fazer uma manutenção constante – e infinita – de misoginia. E, na realidade, você ter ou não problemas com a menstruação me importaria muito pouco se isso não interferisse diretamente na vida de milhões de mulheres.

— Ainda hoje?

Sim. Mulheres que sofrem caladas suas dores porque "ninguém é obrigado a saber que você está menstruada", que carregam absorventes até o banheiro como se estivessem portando uma droga ilegal. Que ensinam suas filhas a terem vergonha de algo que é tão natural quanto o suor, parte da fisiologia humana. Apesar de absurdo, o tabu da menstruação percorre diferentes culturas atualmente.

No ano de 2015, Kiran Gandhi, causou rebuliço por fazer algo absolutamente natural: menstruar. Kiran tinha 26 anos e correu a maratona de Londres sem absorventes, como forma de militar pela visibilidade de inúmeras mulheres que não têm acesso a uma condição de higiene pessoal adequada ao redor do mundo, enquanto, ao mesmo tempo, escancarava que a menstruação ainda é um tabu social. A quantidade de ofensas recebida por Kiran só prova o que é óbvio: usamos até o que há de mais natural em uma mulher cisgênero para humilhá-la cotidianamente. E fazemos disso arma reversa contra mulheres trans: a própria menstruação passa a ser a condição da impossibilidade da transgeneridade. Como se ovários pudessem delimitar a existência de alguém. O que há, na realidade, é o apagamento da menstruação como forma de violência psicológica, promovida cotidianamente em diversas instituições – até mesmo escolares – e muito bem sustentada pela mídia.

A INCRÍVEL INDÚSTRIA DOS ABSORVENTES

Ela está andando de bicicleta e de vestido esvoaçante, claro e florido – mas, como?. O vento remexe seus cabelos longos, embaixo de um enorme chapéu de palha que combina perfeitamente com o céu azul, o sol e a brisa – que a gente não sente, mas imagina. Ela está perfeitamente feliz e a propaganda que não é de chapéu, não é de vestido, não é nem de bicicleta exibe a marca de um absorvente. Não antes, é claro, de que os homens da rua admirem a passagem dessa mulher, com cara de desejo sexual. Porque é assim, quando há a aprovação dos homens, é porque fizemos certo.

E o que deveríamos fazer agora? Fingir que a menstruação não existe. Vamos fingir que não tem cheiro, usando um absorvente redutor de odores. Vamos fingir que não há dor, entupindo o nosso corpo de remédio para aguentar sorrindo o trabalho. Vamos fingir que não há desconforto nenhum e, pior de tudo, vamos fingir que o sangue não existe. Vamos cerceando, assim, a natureza e o corpo das nossas meninas que vivem do desconhecimento do próprio ciclo. Isso também é violência psicológica.

A VIOLÊNCIA PSICOLÓGICA

Talvez a violência mais sutil que as mulheres sofrem seja a violência psicológica. Por ser supostamente discreta. A violência psicológica é a mais difundida, de difícil desconstrução e igualmente dolorosa.

Infância: a certidão de nascimento de culpada

Uma criança que nasce, e é identificada com o gênero feminino, sofre desde antes do seu nascimento. Considerando uma situação tradicional da classe média brasileira atual, uma menina sofre desde o anúncio do sexo. Quando anunciam que é uma menina, podem se chatear, porque esperavam um varão, porém de imediato os familiares já estabelecem "pré-cuidados". O quarto rosa anuncia a chegada da princesinha do papai, as orelhas são furadas sem qualquer chance de escolha, há aparatos para prender seu cabelo – que nem existe – e babados que imobilizam os movimentos. Isso sem falar no sofrimento da mãe, que sofre violência obstétrica, além das dificuldades com a amamentação, muitas vezes, sexualizada.

Quando um pouco maiores, as meninas são ensinadas a sentar como mocinhas, enquanto os amiguinhos correm de tênis a todo vapor. As sandalinhas atrapalham os pequenos pés das princesinhas que não deveriam chegar suadinhas em casa.

Acostumadas com um violento padrão estético, meninas acreditam – desde a mais tenra idade – que estarem lindas é mais importante que estarem felizes. Passam, desde então, a identificar felicidade com padrão estético. Isto é: "tão mais feliz eu serei quanto mais bonita eu for". Quando uma mulher começa a acreditar que o seu valor será dado pela estética, começa o ciclo de sofrimento.

Cada vez mais a violência estética, que atingiu valores alarmantes com o poder de propagação de imagens das redes sociais, tem atingido também aos homens. Porém, sempre foi responsabilidade preponderantemente feminina. Mas deixa que eu conto mais disso no terceiro capítulo, "Os Femininos".

Adolescência: a repressão ganha forma

Por enquanto, pensa só: na adolescência, os pelos crescem invariavelmente em meninos e meninas, enquanto eles são ensinados a sentirem orgulho por já terem saco peludo, elas são ensinadas a depilarem a virilha, sobrancelha, pernas e axilas. Começa uma sessão de tortura que durará por toda vida adulta, apesar da incoerência, pois quando uma menina amadurece sexualmente, e se transforma em mulher, a marca da maturidade é justamente o crescimento dos pelos. Nesse exato momento, ensinamos que é hora de não ter pelos! Qual o sentido disso? Agradar aos homens que identificam a presença deles algo da ordem do masculino, viril ou sujo.

Compreendi, na hora, que os pêlos estão onde estão por uma razão – eles são as folhas em volta da flor, o gramado em volta da casa. Você precisa amar os pêlos para poder amar a vagina.

> ENSLER, Eve. *Os monólogos da vagina*. Tradução de Fausto Wolf e prefácio de Gloria Steinem. Rio de Janeiro: Bertrand Brasil, 2000. p. 33.

É também na adolescência que as meninas sentem mais culpa. A culpa é o sentimento mais violentamente feminino. As lendas criaram e recriaram o mito da "vagina dentata", termo latino que se refere a uma história amplamente difundido em diferentes culturas – que a mulher poderia ser dotada de dentes internos à vagina, capazes de comer o pênis e, assim, levar embora a vida do homem, além de sua alma. Recentemente, em 2007, o filme *Teeth* reaproveita desse mito para criar sua narrativa. Esse medo do órgão genital produz uma enorme dificuldade de lidar com o próprio corpo. Falar de buceta ainda é muito sério.

> "Vagina!" Pronto, eu disse. "Vagina!" — disse de novo. Tenho dito esta palavra o tempo todo nos últimos três anos. Já a disse em teatros, em faculdades, em salas de estar, em cafés, em jantares, em programas de rádio. Tenho dito "Vagina!" por todo o país. Já teria dito "Vagina!" na televisão se alguém deixasse. Eu digo "Vagina" 128 vezes todas as noites durante o meu show, Os monólogos da vagina, baseado em entrevistas com mais de duzentas mulheres de diversos grupos sobre as vaginas delas. Já disse "Vagina!" enquanto dormia. E digo porque ninguém espera que eu diga. E digo porque se trata de uma palavra invisível — uma palavra que desperta ansiedade, alerta, desprezo e nojo.

ENSLER, Eve. *Os monólogos da vagina*. Tradução de Fausto Wolf e prefácio de Gloria Steinem. Rio de Janeiro: Bertrand Brasil, 2000. p. 17.

— Você disse bu...

Disse! Buceta. Pepeca. Perseguida. Menina. Piriquita. "Lá". "Ali". Ela. Xota. Xoxota. Isso mesmo. Essa parte tão maravilhosa do corpo feminino cisgênero que a gente invisibiliza. Tantas são as formas que fazemos de transformar a genitália feminina em algo da ordem do asqueroso. Ludibriamos mulheres vendendo sabonetes íntimos caríssimos para camuflar o cheiro ácido que é característico – usado, inclusive, como ofensa –, fazemos com que se depilem para ficar sem pelo nenhum, num processo quase infantilizador. Além disso, criou-se um parâmetro de como a genitália deveria ser:

simétrica, com pequenos grandes lábios, quase uma utopia. Utopia que, inclusive, tem causado um fenômeno perigoso e assustador, um número crescente de cirurgias íntimas. A labioplastia é feita no Brasil com tamanha intensidade, que levou o país a ser o primeiro disparado do mundo em número de cirurgias íntimas, crescendo em 75% nos últimos anos.[2] Além da diminuição dos pequenos ou grandes lábios, modificações no clitóris e no monte de vênus, também estão cada vez mais recorrentes.

Crescidas e reprimidas: a mulher adulta

Alimentamos um ódio absoluto das mulheres contra a própria genitália, mas também contra o próprio corpo. A violência estética é algo que precisa ser muito discutido, porque em eras de redes sociais, ela ganha dimensões nunca antes imagináveis.

— **Mas ser bonito sempre foi uma regra...**

Verdade, sim. A existência de um padrão estético não é nova. Aliás, parte considerável da filosofia grega se preocupou com a estética e...

— **Então!**

Calma lá, vamos por partes que é bem diferente o que estamos vivendo. O padrão de beleza, ao longo da história, sofreu constantes modificações. As mo-

---

2   CORREIO BRAZIELIENSE. No país campeão de cirurgia íntima, mulheres contam suas histórias. Disponível em: <https://www.correiobraziliense.com.br/app/noticia/brasil/2016/01/29/internas_polbraeco,515762/no-pais-campeao-de-cirurgia-intima-mulheres-contam-suas-historias.shtml>. Acesso em: 06 nov. 2018.

dificações, obviamente, acompanhavam o processo histórico e cultural. A partir do século XX, porém, esse padrão passou a ser sistematizado. Se, no início, o padrão estético estava bastante associado ao corpo masculino ou à arte, com o fortalecimento da sociedade patriarcal, a beleza passou a ser algo muito associado à mulher, porque corroborava a sua função de objeto, quase decorativa.

Hoje, ainda, enquanto a responsabilidade do homem é a do poder; as mulheres seguem tendo que ser bonitas. Mesmo que historicamente alguns recursos de estética – como maquiagem, salto e joias – estivessem associados também, ou principalmente, a homens, sendo adornos característicos deles. Com o tempo, a necessidade de adornar a aparência passou a ser, cada vez mais, feminina. Isso garantia que um padrão comportamental se reproduzisse com mais facilidade.

— Como assim?

Já reparou que, quando queremos que uma criança se comporte de determinada maneira, dizemos que "criança bonita não faz isso?"; e que, em geral, quando elogiamos alguém, usamos termos relacionados a beleza? Todo mundo gostaria de ser considerado bonito, porque é da ordem do agrado e do socialmente aceito. Prometendo a beleza, conseguimos mudar o comportamento das pessoas, e as academias lotadas nos provam isso diariamente. Acontece, porém, que a consequência drástica disso é que, assim, ao pautar um padrão estético, pautamos como as mulheres devem se comportar.

Veja, por exemplo, o que aconteceu na década de 50, no período pós-guerra, o padrão estético ocidental vangloriava uma mulher como Marilyn Monroe, uma mulher branca, loira, longe do que consideramos hoje o padrão "magro" de beleza. Depois de duas guerras mundiais, o mundo se viu diante de uma situação global de fome e sofrimento. Além disso, a Revolução Industrial ocorria, o que fez com que as mulheres começassem a ocupar, cada vez mais, o espaço das fábricas.

O padrão estético sempre serviu à elite, de modo que era bonito ser o que a elite podia ser: de pele clara – os trabalhadores quase sempre estavam expostos ao sol –, loiros – acabamos de sair da Segunda Guerra, e todos seus padrões arianos difundidos de maneira assustadora – e com um corpo curvilíneo, distante da ideia de fome que aterrorizava a todos. É claro que o padrão estético tem o alcance de cada cultura, e varia com a localização.

Hoje, porém, temos padrões cada vez mais reproduzidos mundialmente, em função da aldeia global criada e possibilitada pela internet e pela tecnologia. Tecnologia essa que é a base desse novo padrão que se reproduz. O corpo magro e atlético e aquele que se distancia de uma sociedade de alimentos industrializados processados que tende à obesidade. Numa sociedade de *fast-foods* e de estresse, ser magro é também ser da elite. Acontece, porém, que se esse padrão é ruim para a população como um todo, ela é infinitamente pior para as mulheres. O mito da beleza nos submete diariamente.

MITO DA BELEZA

O termo é emprestado de Naomi Wolf, uma socióloga norte-americana que procura explicar como as imagens associadas à beleza são usadas contra as mulheres, especialmente como reação ao feminismo crescente no século XX. Para ela, depois que as mulheres começaram a sair de casa e não mais se envolverem totalmente com o que foi esperado delas pelo patriarcado, foi necessário criar um sistema que voltasse a aprisionar essas mulheres – obviamente de classe média – a algo que não seja o lar.

De acordo com Wolf, o caminho encontrado foi o que ela denominou o "mito da beleza", pois não importava mais se as mulheres sabiam ler, trabalhar, sair de casa; elas precisavam, reforço, *precisam* ser bonitas. Isso se resultou na criação de um sistema monetário baseado na beleza, no qual as mulheres poderiam ser classificadas e ficariam, cada vez mais, desesperadas para alcançar esse padrão "ouro" da beleza. E isso, além de altamente rentável, mantém essas mulheres extremamente distraídas. Imagina se, de repente, as mulheres do mundo passassem a se achar lindas? Quantas coisas de repente deixariam de ser vendidas? Quanto dinheiro deixaria de ser gasto?

> O mito da beleza não tem absolutamente nada a ver com as mulheres. Ele diz respeito às instituições masculinas e ao poder institucional dos homens. As qualidades que um determinado período considera belas nas mulheres são apenas símbolos do comportamento feminino que aquele período julga ser desejável. O mito da beleza na realidade sempre determina o comportamento, não a aparência.

WOLF, Naomi. *O mito da beleza*. Tradução de Waldea Barcellos. Rio de Janeiro: Rocco, 1992. p. 17.

Uma das coisas que se desenvolveu junto ao mito da beleza foi a caricatura da feminista feia. Em 1929, o *Jornal da Manhã* trazia a manchete: "As mulheres modernas tendem a ficar feias?", com o subtítulo "Por que não foi encontrada uma só que se aproximasse do ideal clássico representado pela Vênus de Milo?". Na matéria, o jornal dizia:

Mas as mudanças mentais e sociais ocorridas durante os últimos anos foram consideráveis. A mulher abandonando a esfera do lar e introduzindo-se nos negócios e nos esportes, transformou-se extraordinariamente. Isso produziu uma raça de mulheres de membros esguios, de acentuados tendões, de músculos de aço, a antítese enfim do tipo clássico da Vênus antiga.

Você poderia imaginar a cara desse redator quando eu mostrasse a foto de uma musa *fitness* do Instagram? Bronzeada e cheia de músculos? Ia ser, pelo menos, engraçado. Passada a graça, a gente vê bem explicitamente o que é Naomi Wolf queria dizer para gente: o comportamento feminino desejável é o seu padrão estético.

Como ser feminista não é um comportamento desejável, a estética é o alvo para atacá-las e tentar evitar que elas se fortaleçam. E isso não parou em 1929, vamos ler a crônica, *Boneca de quatro*,[3] de um famoso filósofo e cronista brasileiro, Felipe Pondé, que discorre bem sobre como o feminismo é algo que prejudica esteticamente a mulher, que a afasta da feminilidade, entre outros clichês altamente ficcionais.

> Hoje vou falar de coisa séria: vou falar de mulher. Aliás, nem tanto, pensando bem. Vou falar de feministas e muitas dessas não são exatamente mulheres [...]. E quando digo que feminista não entende nada de mulher ainda tem gente que se espanta... Feminismo fora de delegacia de mulheres dá nisso: invasão da cama alheia. (PONDÉ, 2013)

---

[3] PONDÉ, Luiz Felipe. Bonecas de quatro. Disponível em: <https://www1.folha.uol.com.br/paywall/login.shtml?https://www1.folha.uol.com.br/colunas/luizfelipeponde/2013/06/1292354-bonecas-de-quatro.shtml>. Acesso em: 06 nov. 2018.

E por que é tão útil que a mulher acredite que ela, de fato, precisa ser bonita? Porque além de fazer girar lindamente a roda capitalista do consumo de produtos estéticos – o Brasil ocupa o terceiro lugar do mundo em termos de gastos estéticos, e o segundo em cirurgias plásticas –, ela perde tempo. E é útil que as mulheres tenham essa "neurose portátil" para perder tempo e, cada vez mais, estejam na extensão de sua casa, um salão de beleza.

De acordo com Naomi Wolf, não é à toa que o trabalho doméstico tenha sido substituído pela necessidade de ser bela. A socióloga afirma que era preciso um trabalho que distraísse tanto quanto o doméstico e fosse efêmero na mesma medida, sempre precisando ser substituído, refeito, reelaborado.

Além disso, a preocupação com a beleza gerou outra grande vantagem: a competição. Quanto mais as mulheres competem entre si, mais fracas elas são enquanto sistema de resistência, seja político, cultural ou social. Vamos a mais um texto, *Mulheres: usem sua beleza para conseguir as coisas*,[4] do pensador contemporâneo Felipe Pondé:

> A maior inimiga da beleza da mulher é a outra mulher, a feia. A condenação do uso da beleza feminina por parte das mulheres é uma ferramenta das que não têm, por azar (a beleza ainda é um recurso contingente), acesso à beleza. Claro que há sofrimento aqui, mas de nada adianta "resolver" o sofrimento negando um fato óbvio: as feias têm raiva das bonitas. (PONDÉ, 2013)

---

4   PONDÉ, Luiz Felipe. Mulheres: usem sua beleza para conseguir as coisas. Disponível em: < https://super.abril.com.br/comportamento/mulheres-usem-sua-beleza-para-conseguir-as-coisas/ >. Acesso em: 06 nov. 2018.

A competição feminina é uma das maiores armas do patriarcado, postas em competição, as mulheres não se unem o suficiente. Simone de Beauvoir já disse isso muito bem que "a força do opressor está na cumplicidade de alguns oprimidos". É claro que essa cumplicidade é muito passiva e faz a manutenção e a reprodução de um discurso machista, não o machismo em si. E o mito da beleza fortalece muito esse paradigma.

Naomi Wolf elenca no seu livro várias personagens femininas que competem entre si e o dever de escolher entre a beleza e a inteligência. Isso porque, aparentemente, para o patriarcado, a moça dotada de inteligência não podia ser dotada de beleza; e a dotada de inteligência não poderia ser bela. É assim com Helena e Hérmia, por exemplo, em *Sonho de uma noite de verão*, de William Shakespeare. Mas é assim também em qualquer novela nacional. E isso por quê? Porque o desejo de ser bela desestimularia, em tese, a busca pelo conhecimento e fomentaria a competição.

Mulheres estão competindo desde crianças. Ensinamos as meninas que elas devem ser lindas princesas e, vamos combinar, que princesas são únicas e não podem existir em comunidade. Ensinamos que a mulher bonita deve ser tirada do nosso convívio porque é uma ameaça. Ensinamos que as mulheres estão disputando, o tempo todo, pelo poder.

Olhe para as propagandas ao seu redor, as mulheres precisam se destacar pela estética. Nem mesmo o amor próprio lhes é dado pensando na própria felicidade. Deveriam ser estimuladas a se sentirem lindas para que, só depois, os outros a achassem também. Isso é claramente associado a um padrão estético específico e inalcançável. Se for para chegar lá, por que eles criariam?

Se já é ruim e sofrido descobrir que não estamos de acordo com aquilo que é considerado bonito, imagine ter isso torpedeado na sua cabeça por 24h? Tá cada dia mais fácil constatar que não estamos de acordo com o que é esperado de nós. "A discriminação pela beleza se tornou necessária não pela impressão de que as mulheres ficariam sempre aquém do esperado, mas, sim, pela impressão de que elas seriam, como vêm sendo, ainda melhores".[5]

A INDÚSTRIA DA REPRODUÇÃO INFINITA DE IMAGENS

Na década de 20, se eu acordasse numa bela manhã de domingo, espreguiçasse de camisola e fosse até ao espelho para escovar meus dentes, eu poderia, quem sabe, surpreender-me com a minha própria beleza. E assim eu passaria boa parte da minha manhã, em casa, achando que, dentro todas contas feitas, havia uma enorme probabilidade de, de fato, eu ser a última bolachinha do pacote. Talvez eu descobrisse, quando fosse a um evento social que, eu não era exatamente a última bolachinha, só talvez uma bolachinha ainda crocante e interessante.

Depois da década de 60, a mídia em massa, televisão e revistas, já estava em tudo e por aí. Se na década de 70 eu acordasse me achando a Jane Fonda[6] revisitada, eu passaria algumas horas, provavelmente, acreditando em mim, até que uma revista feminina – que ainda não tinha *photoshop*, mas já contava com um aparato de luz adequado e bastante maquiagem – dissesse que, enfim, eu não era nem um pouco parecida com a Jane Fonda.

---

5 WOLF, Naomi. *O mito da beleza*. Tradução de Waldea Barcellos. Rio de Janeiro: Rocco, 1992. p. 27.

6 Nascida em 1937, Jane Fonda foi a musa do cinema nos anos 60/70.

Voltemos ao século XXI, a era das redes sociais. Se eu acordar me sentindo maravilhosa, vai demorar o tempo das minhas redes sociais atualizarem para eu encontrar pelo menos dez mulheres, totalmente diferentes de mim, sendo classificadas e identificadas como bonitas. E eu vou perceber que eu não tenho absolutamente nada a ver com elas. Muito provavelmente nem a pele, o peso, o cabelo e a maquiagem. Não importa o quanto eu me esforce, eu não me pareço com essas mulheres que são lindas e absolutamente felizes. Todos os dias elas são felizes. Elas estão posadas com seu sorriso insuportavelmente feliz enquanto contraem o abdômen, conseguem sorrir, contrair e ser feliz; enquanto eu mal consegui sair da minha cama ainda. Parece que só naquela vida "real" delas, de viagens, magreza, foto de comida e exercício ao ar livre, eu poderia encontrar a felicidade. E me diz, quem é que não quer ser feliz?

Todo mundo quer ser feliz! Realmente, todo mundo quer. Brincar com a felicidade das pessoas é a melhor arma para venda. Com a promessa de felicidade, as pessoas consomem qualquer coisa. Acontece que, com o crescimento de celebridades de redes sociais, outra consequência surge: a propaganda vem disfarçada de realidade. Ninguém diz que está vendendo, mas promete que com *aquele* produto e *aquela* dieta, a felicidade será tão óbvia quanto a falsidade daquele sorriso.

— Mas o que isso tem a ver com mulheres?

Tem tudo a ver. Esse padrão esteticamente desejável sempre foi usado para convencer mulheres que, a despeito de tudo, era isso que elas precisam ser: bonitas e sexualmente atraentes – para os homens, evidentemente. Essa pressão já era violenta, mas ela tem piorado com os recursos tecnológicos e sua capacidade imensa de reproduzir pessoas que não existem.

O que eu quero dizer é que nem as modelos se parecem com a versão publicada delas. Contabilize comigo: maquiagem, luz, efeitos, *photoshop* – muito *photoshop* mesmo – filtros das redes sociais, mais maquiagem, retoque no cabelo. A coisa é tão séria que alguns países, como a Inglaterra, têm banido anúncios em que o uso do *photoshop* possa representar risco por serem demasiadamente falsos. Alguns projetos de lei visam estabelecer limites para o uso do aparato, mas nada em definitivo ainda. E a consequência disso? Muito sofrimento, automutilação e mortes. A palavra anorexia é uma *hashtag* bastante recorrente em mídias sociais, inclusive associada a conteúdos de teor positivo. A atriz Kate Winslet, sabendo da relevância dessa questão, nos últimos anos tem impedido que suas imagens circulem "photoshopadas" e, para garantir, só assina contratos em que essa condição seja de fato respeitada.

> A alucinação moderna que prende as mulheres, ou na qual elas mesmas se prendem, é da mesma forma cruel, rígida e adornada de eufemismos. A cultura contemporânea dirige a atenção para as metáforas da Donzela de Ferro enquanto censura o rosto e o corpo das mulheres de verdade.
>
> WOLF, Naomi. *O mito da beleza*. Tradução de Waldea Barcellos. Rio de Janeiro: Rocco, 1992. p. 22.

— Mas isso não é culpa delas que se deixam enganar pelas imagens?

Essa é a desculpa mais confortável, acreditar plenamente no livre arbítrio das pessoas, e, ao invés de mudar o sistema, obrigar as pessoas a se mutilarem ferozmente. O nome disso é culpabilização da vítima, uma das coisas mais cruéis promovidas pelo machismo.

A CULPABILIZAÇÃO DA VÍTIMA

O Instituto de Pesquisa Econômica Aplicada (Ipea), em pesquisa[7] realizada no ano de 2014, aponta que 58,5% dos entrevistados acreditam que se as mulheres soubessem como se comportar haveria menos estupros. E mais, no que se refere à violência doméstica:

Apresento os dados:

> O que acontece com o casal em casa não interessa aos outros, 13,1% dos entrevistados discordaram totalmente, 5,9% discordaram parcialmente, 1,9% ficou neutro (não concordou nem discordou), 31,5% concordaram parcialmente e 47,2% concordaram totalmente. Diante da sentença *Em briga de marido e mulher, não se mete a colher,* 11,1% discordaram totalmente, 5,3% discordaram parcialmente, 1,4% ficaram neutros, 23,5% concordaram parcialmente e 58,4% concordaram totalmente.

— Eu jamais diria que a culpa do estupro foi da mulher.

Culpar a mulher pelo estupro é uma prática introjetada na sociedade, de modo que, ainda que você não encontre uma vítima de estupro e diga a ela: "foi sua culpa"; indiretamente você também é responsável por isso.

Veja, quando pedimos para uma criança sentar como mocinha, afinal sua calcinha pode aparecer, estamos dizendo que, se alguém vir sua calcinha – porque olhou

---

[7] INSTITUTO DE PESQUISA ECONÔMICA APLICADA. Errata da pesquisa "Tolerância social à violência contra as mulheres". Disponível em: < http://www.ipea.gov.br/portal/index.php?option=com_content&view=article&id=21971>. Acessado em: 06 nov. 2018.

para ela, afinal –, a culpa é da criança, que precisou ter o seu corpo quase adestrado. Curiosamente, não dizemos aos meninos que devem sentar dessa ou daquela maneira e absolutamente ninguém parece interessado em ver a cueca deles. Quando você ensina uma menina que há uma forma correta de sentar, você confirma essa cultura que culpabiliza a vítima, logo, você também é responsável por isso.

— Eu jamais culparia uma criança
pelo modo como ela senta.

Mas não tenho tanta certeza se você jamais culpou a mulher pelo modo como ela se veste. Pense na sua vida, quantas vezes você já escutou, sem discordar, que a secretária se veste de maneira inadequada para o trabalho? E não é porque ela vai com uma roupa informal em um ambiente que exige formalidade, mas só porque a roupa é um pouco mais justa, ou ainda porque enfatiza uma parte do seu corpo. A própria ideia de roupa decente é esquisita. Roupas não podem ter ou não caráter, valores, decência. Atribuímos à roupa um juízo de valor que não diz respeito a ela. O pior é quando disfarçamos isso com uma suposta intuição: *"tá na cara – na roupa, você quer dizer – que aquela moça não presta!"*.

Eu pergunto ao senhor: presta para quê? Gosto sempre de lembrar que as pessoas que mais prejudicam o nosso país são belos homens engravatados e mulheres com seus *tailleurs* de corte italiano. Prestar, no significado proposto pela sua frase, é estar adequada a um padrão que seja reconhecido como controlado. Uma mulher moderada, cerceada, violentada por uma regra social nunca é uma mulher que presta, porque para prestar para algo, precisamos, acima de tudo, estar plenos.

Recentemente, um grupo de alunas, em uma escola de Porto Alegre (RS), foi responsável pelo manifesto "Vai ter shortinho, sim" feito em resposta a atitude da escola de proibir que as alunas usassem *short* porque poderia suscitar desejo por parte dos colegas *e dos professores*. O manifesto comove especialmente porque foi feito por meninas de treze a dezoito anos, que queriam usar um *short* no verão de um dos anos mais quentes que o Brasil já teve.

"Ao invés de humilhar meninas pelos seus corpos, ensinem os meninos que elas não são objetos sexuais" é um trecho desse manifesto. Quando até uma adolescente de treze anos tá sabendo mais do que você, pega mal, né não, senhor?

— Mas as mulheres querem exibir seus corpos, então?

Então, senhor, as mulheres querem poder fazer qualquer coisa sem que isso seja visto como algo para agradar aos homens. Na realidade, mostrar ou não o próprio corpo deve ser uma escolha que tenha como única referência o próprio desejo de empoderamento. Assim, explicando de uma maneira bem didática: vai ter mulher querendo usar um *short* minúsculo e uma blusa decotada e outra que vai querer usar uma calça de alfaiataria e uma blusa bem larga. E daí que você não tem que achar nada de nenhuma das duas, porque elas devem decidir, pelo puro e único motivo de *querer* usar o que bem entendem.

Aliás, o senhor não pense que eu não vi essa torcida de nariz quando eu falei de empoderamento. A palavra parece mais difícil do que é, mas quando alguém se empodera é porque está pleno do seu poder para conseguir encarar a sociedade. O empoderamento feminino é isso: dar o poder às mulheres. Isso pode e deve acontecer em dois âmbitos, no individual e no coletivo.

No plano coletivo, o empoderamento feminino é de responsabilidade de toda a sociedade. Ciente disso, a ONU Mulheres, a Entidade das Nações Unidas para a Igualdade de Gênero e o Empoderamento das Mulheres, e o Pacto Global das Nações Unidas, lançaram os *Princípios de Empoderamento das Mulheres*, de modo a tentar pensar na sociedade como um organismo responsável no trabalho pela equidade* de direitos. Os princípios[8] têm como foco o campo empresarial. Dá uma olhadinha:

- estabelecer liderança corporativa sensível à igualdade de gênero, no mais alto nível;
- tratar todas as mulheres e homens de forma justa no trabalho, respeitando e apoiando os direitos humanos e a não-discriminação;
- garantir a saúde, segurança e bem-estar de todas as mulheres e homens que trabalham na empresa;
- promover educação, capacitação e desenvolvimento profissional para as mulheres;
- apoiar empreendedorismo de mulheres e promover políticas de empoderamento das mulheres através das cadeias de suprimentos e *marketing*;
- promover a igualdade de gênero através de iniciativas voltadas à comunidade e ao ativismo social;
- Medir, documentar e publicar os progressos da empresa na promoção da igualdade de gênero;

---

8   ONU MULHERES. Princípios de empoderamento das mulheres. Disponível em: <http://www.onumulheres.org.br/referencias/principios-de-empoderamento-das-mulheres/ >. Acesso em: 06 nov. 2018.

- "o empoderamento como teoria está estritamente ligado ao trabalho social de desenvolvimento estratégico e recuperação consciente das potencialidades de indivíduos vitimados pelos sistemas de opressão e visam principalmente a libertação social de todo um grupo, a partir de um processo amplo e em diversas frentes de atuação, incluindo a emancipação intelectual".[9]

— Tá, mas isso já não acontece?

Não, senhor! Aí é que tá, mesmo uma mulher supostamente não oprimida – não existe, que nem unicórnio, mas vamos imaginar só para entender –, que tenha estudado nas melhores escolas, feito curso de idiomas, cursado a melhor universidade na graduação, no mestrado e no doutorado e arrematado um pós-doutorado na Alemanha. Mesmo essa mulher tem sua capacidade posta à prova em função do seu gênero. Não acredita, né? Pois é daí que saímos para mais um tipo de violência frequentemente cometido: o abismo salarial.

O ABISMO SALARIAL

Há uma diferença salarial entre homens e mulheres em todos os setores da sociedade. Os dados coletados no último Cadastro Geral de Empregados e Desempregados (CAGED), de 2015, apontam uma diferença de até 35%, dependendo do grau de escolaridade.

---

[9] BERTH, Joice. *O que é empoderamento?* Belo Horizonte: Grupo Editorial Letramento, 2018. p. 34. (Coleção Feminismos Plurais)

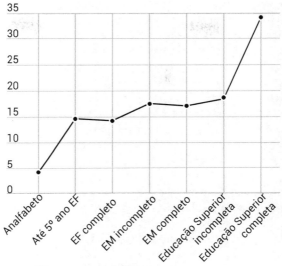

- Diferença de Salário

ALEMI, Flavia. Diferença salarial entre homens e mulheres sobe conforme escolaridade. O Estado de S.Paulo. 08 mar. 2016. Disponível em: < https://economia.estadao.com.br/noticias/sua-carreira,diferenca-salarial-entre-homens-e-mulheres-sobe-conforme-escolaridade,1841086 >. Acesso em: 06 nov. 2018

Não importa que, como você bem sabe, nós não usemos de nosso gênero para exercer a função. Tipo assim, já percebeu que não fez *absolutamente nenhuma diferença* o meu gênero para eu, por exemplo, dar aulas? Gerenciar uma empresa? Coordenar um projeto?

— **Mentira! Mulher é mais sensível**
  e não tem pulso firme.

Mito, meu querido. Como tantos outros que você não percebe, mas reproduz. Há muitos mitos da naturalização que a gente vem reproduzindo cotidianamente, sem sequer se dar conta. Naturalizamos uma postura que não existe, porque justificar como natural é mais fácil. E é nessas horas que surgem os preconceitos que minam a participação feminina no mercado de trabalho. "Você trabalha como homem" é um suposto elogio que mulheres que exercem com qualidade seu trabalho escutam, mas se a gente considerar no rol de preconceitos reproduzidos no mercado de trabalho, esse até fica gentil. Não porque de fato seja bom, mas porque ainda não é o clássico "deu para quem para chegar até esse cargo?", reduzindo as habilidades femininas ao sexo e confirmando a crença na incapacidade intelectual. "Aumenta o decote e você fecha o negócio", projetando na mulher o incrível e maravilhoso – só que não – papel de isca; "você já é sustentada pelo seu marido", confirmando a violência material clássica, como se não fosse importante o empoderamento financeiro para as mulheres; "você está de TPM", para justificar uma coisa simples chamada "opinião divergente". Parece inofensivo, mas é violento. Toda vez que uma mulher ouviu essas frases, ela perdeu força e legitimidade em sua função. E cada vez que uma mulher perde força, perde a equidade, perde a possibilidade de um mundo igualitário. Reforça o preconceito e você, senhor, também tem culpa no cartório.

> O empoderamento consiste de quatro dimensões, cada uma igualmente importante mas não suficiente por si própria para levar as mulheres para atuarem em seu próprio benefício. São elas a dimensão cognitiva (visão crítica da realidade), psicológica (sentimento de auto-estima), política (consciência das desigualdades de poder e a capacidade de se organizar e se mobilizar) e a econômica (capacidade de gerar renda independente).

FREIRE, Paulo *apud* BERTH, Joice. *O que é empoderamento?* Belo Horizonte: Grupo Editorial Letramento 2018. p. 35.

— Acontece que há profissões que são tipicamente femininas.

Lá vem você, mais mitológico que Homero e Virgílio juntos, para tentar me convencer que existem coisas próprias a mulheres e homens porque a biologia blá-blá-blá. Vamos lá, juro que vou explicar com muita paciência.

O corpo da mulher é diferente do corpo do homem? Sim. Até meu sobrinho de três anos entende isso. Voltemos de novo à infância: o sexismo.

O sexismo é considerado, por exemplo, que homens dirigem melhor que mulheres. O provérbio "mulher no volante, perigo constante" não é poucas vezes repetido nos diferentes ambientes de socialização em que há uma mulher dirigindo. Isso a despeito do fato de que, segundo dados do Departamento Nacional de Trânsito (Denatran), em 2014, dos mais de 60 milhões de motoristas no Brasil, por volta de 20 milhões são do sexo feminino e, 71% dos acidentes são provocados pelos homens e apenas 11% pelas mulheres. Além disso, 70% das multas são para motoristas do sexo masculino. Lembremos que, não à toa, as seguradoras têm um preço diferenciado – consideravelmente mais baixo – para mulheres. Isso não é feminismo, ou gentileza. Não, a verdade é que as seguradoras querem lucro, e o lucro está óbvio. O Ministério da Saúde aponta, inclusive que o número de homens que morreram no trânsito, em 2010, é quase quatro vezes maior do que o de mulheres.[10] E por quê?

---

10 PORTAL DO TRÂNSITO. Estatísticas mostram que mulheres dirigem melhor do que os homens. Disponível em: <http://portaldotransito.com.br/noticias/estatisticas-mostram-que-mulheres-dirigem-melhor-do-que-os-homens/>. Acesso em: 06 nov. 2018.

Porque é assim que a gente ensina: ensinamos que os meninos são engraçadinhos porque são violentos. Lembra quando falamos de masculinidade tóxica? Pois então, a gente acha bonitinho incitar competitividade entre eles: "bate nele", "corre", "vai rápido", "se você não tiver um carro não será ninguém", "homem não chora".

— Homem não chora? Peraí, do que você está falando?

Estou falando do óbvio, senhor: o machismo mata mulheres, mas não pense que os homens saem ilesos de uma lógica tão grande, violenta e perversa. É absolutamente óbvio que vocês choram e que a explicação biológica passa longe de justificar essa frase. A questão é: o que eu estou dizendo a uma criança quando digo que ela não deve chorar.

- Que o choro é fraqueza e que a fraqueza é negativa.

Saiba você, senhor, que se não houvesse o medo, *Homo sapiens sapiens* não estaria aqui, e os sentimentos são parte fundamental da nossa existência social. Exceto por patologias, desordem neurológica e comportamental, todos sentem. Quando dizemos que uma criança não deve chorar, dizemos que sentir é ruim. E, adivinha? Ela não para de sentir por esse motivo, o que acontece, no lugar, é uma substituição de um sentimento – que poderia muito bem ser amenizado com amor, compreensão, diálogo e representatividade – por uma repressão violenta. Consequência disso são as pessoas associarem o sentimento ao negativo e viverem uma luta eterna consigo mesmos. Até quase fingir, até para si mesmos, que não sentem;

- Que o choro é associado ao feminino.

Lembre-se da expressão "mulherzinha", "bichinha", ou ainda, "vira homem". Quando você diz que chorar é negativo e, ao mesmo tempo, feminino; além de fazer a criança sofrer, você incute nela a ideia de que, afinal, mulheres são realmente negativas, bem como os homossexuais, transformando a existência dessas pessoas em xingamento ou ofensa. Em escala maior, você naturaliza o choro feminino, transformando isso em normal. Do choro visto como normal à violência psicológica e desta à física sendo vista como "natural", temos um processo bastante recorrente e fácil de acontecer;

- Por fim, a violência reproduz a violência.

Se homem não chora, quando alguém que identifico como pertencente a classe da qual faço parte – *ozômi* – chora, ele deve ser: banido, agredido, violentado. Quando eu digo chora, senhor, é uma metáfora, eu quero dizer "sente";

- O resultado disso? Pai e filho serem agredidos por andarem de mãos dadas na rua.

Pai e filho nem se abraçarem, amigos não se encostam, tudo porque o homem tem que ser poderoso e forte.

Pensando paralelamente, se o homem é – e ou deve ser, na lógica patriarcal – o resumo da força, que espaço de vivência lhe cabe numa sociedade capitalista como a nossa está? O espaço do dinheiro.

Daí que quando você chama uma mulher de interesseira e diz que ela só se interessa pelo homem em função do seu poder aquisitivo você não está só violentando – e muito – a mulher, mas também – em menor escala, mas ainda assim – o homem. Será que o senhor vale, a despeito do seu caráter, inteligência ou qualquer outra característica, só o quanto consegue arcar em compras? Ou só o quanto tem de força física e *status* social?

É por causa desse tabu que homens vão muito menos aos médicos – marca da vulnerabilidade –, morrem em situações de risco desnecessárias – para evidenciar sua força –, envolvem-se mais em criminalidade – para ser poderoso como alguém que "se deu bem" no crime" –, e... tcharã! Machucam mulheres, para lembrá-las que elas são subordinadas e eles não. Ou seja, o movimento da violência de gênero é cíclico, e se retroalimenta dessas falsas naturalizações, desses mitos contados desde que o patriarcado se instaurou.

> — Ora, mas o patriarcado se instaurou porque, naturalmente, é o que deveria acontecer.

Boa tentativa, senhor, mas você está falando no auge da sua ignorância. Aliás, a palavra, naturalmente, já é problemática há muito, muito tempo. Deixa que eu explico, ou melhor, a Margaret Mead[11] explica: de acordo com a antropóloga, em seu livro *Sexo e temperamento em três sociedades primitivas*, há sociedades que não necessariamente caminharam para o patriarcado. O resultado, adivinhe qual é? Homens não são necessariamente poderosos e agressivos. Mulheres no comando. Sociedades em que os temperamentos eram iguais. Trocando em miúdos, para o senhor entender: a diferença das personalidades não está vinculada às características biológicas, como o sexo, mas à maneira como em cada sociedade e a cultura define a educação das crianças. Graças à Mead e seu livro, a luta por reformular o modo de educar as crianças ganhou força e

---

11 Margaret Mead (1901-1978) foi uma antropóloga cultural dos Estados Unidos, famosa por revolucionar as concepções sobre a feminilidade e a masculinidade, tirando-as do campo do natural e compreendendo-as como concepções culturais e sociais.

sua teoria tem como base a possibilidade de se pensar a mudança nos nossos padrões em relação ao gênero.

E assim perpetuamos séculos e séculos de dor, fazemos com que as meninas sofram sempre e mais, medindo o tamanho de suas roupas, a arrumação do quarto, a delicadeza da fala, a maturidade precoce. Nós ensinamos as nossas meninas que elas não devem sair de casa vestindo ou se portando de determinada maneira, mas não, em hipótese alguma, ensinamos os nossos meninos que hormônio não é desculpa, que a liberdade dele inclui a liberdade de outra pessoa. Pior, nós autorizamos – fomentamos! – que os meninos sejam imaturos, bobos, irresponsáveis, "porque é da idade", enquanto nunca foi "da idade" da menina quase nenhum comportamento espontâneo. Dizemos às meninas que elas se devem "dar o devido valor", o que significa, em outras palavras: recato, castidade, submissão, silenciamento, tudo para agradar aos homens e "evitar" uma violência – às custas de outra, fica evidente.

Sabe o que deveria ser uma mulher se dando o devido valor? Uma mulher que recebe honestamente pelo seu salário, sem disparidade em função do gênero, uma mulher que não se mantém em um relacionamento abusivo exclusivamente para se adequar a uma sociedade que nem pensa nela, uma mulher que luta pelos seus direitos porque sabe que eles valem – ou deveriam valer – como o direito de qualquer homem. Essa é uma mulher valorizada, que se empodera e luta por equidade.

Portanto, é mais que deixar o menino chorar. É bem mais que associar a fraqueza ao feminino, é reestruturar todo um sistema educacional defasado em grande parte do mundo e especialmente conservador no que se refere ao Brasil. O país da dicotomia...

É assim que propagamos uma violência imaterial altamente corrosiva. Se a criança é educada a pensar que deve ser assim, o trabalho para desconstruir* esse raciocínio é árduo, longo e desafiador. Mas a gente pode, a gente consegue. Um dos caminhos é o feminismo.

— Calma, antes que você comece com esse papinho aí. Sabia que ia falar disso. Me explica: quem educa os meninos a serem assim não são as próprias mães? As mulheres são as maiores machistas!

Olha, você descobriu a lógica do milênio. Pena que antes de você – bem antes, eu diria – essa denúncia já foi feita. Em O segundo sexo, Simone de Beauvoir já denuncia uma lógica cruel, há, entre os oprimidos, aqueles que reproduzem o discurso do opressor. E é por isso que é tão difícil vencer a opressão. Pensa só que rapidão que ia ser inverter o quadro de violência contra a mulher que vivemos se todas as mulheres, repentinamente, percebessem a lógica?

Não, não é teoria da conspiração não, mas a força de cerca de 5 mil anos é muito grande sobre todo mundo. E, sim, as mulheres podem reproduzir o machismo. Elas nunca poderão ser, de fato, machistas, porque elas são incapazes de se posicionar com o privilégio que um homem tem sobre uma mulher. Acontece que elas podem perpetuar, mesmo fazendo parte da problemática, os ideais do pensamento machista. É bem parecido com a crítica que algumas pessoas negras recebem sobre o próprio racismo. O buraco é mais embaixo, não tente usar como justificativa para ser violento, que as pessoas oprimidas também são capazes de reproduzir opressão, porque isso não isenta o senhor de nada. Só mostra o quando a luta que os feminismos travam é longa, árdua e necessária. Tristemente necessária.

OS FEMINISMOS

— Peraí, você disse "feminismos"? Sério? Eu vou ter que lidar com mais de um dessa coisa absurda aí que vocês criaram?

Bingo! O feminismo não é mais um só movimento, são vários, são muitos e são importantes. Vamos começar do começo para o senhor não surtar.

— Lá vai. Vai falar que mulher é melhor que homem e aquela coisa toda...

Shiu. Fala baixo. Senão é perigoso alguém acabar ouvindo você. Se ficarem sabendo que você acredita que feminismo é mulher achar que é – ou que deve ser – melhor que homem você vai atestar sua ignorância e, sabe, não quero constrangê-lo.

—Tá, tá tudo querendo virar homem!

Não, não quero virar homem não. Nem ser igual, se você quer saber. O feminismo é um movimento interdisciplinar – ou seja, se dá no campo da arte, da política, da filosofia, sociologia, etc. – que procura promover a equidade social entre homens e mulheres. Ou seja, é mais que resolver só juridicamente a coisa, é também resolver todas as outras lacunas da vivência que ficam faltando e que não correspondem apenas – mas também – ao âmbito da legislação. A ideia é que não haja nenhum tipo de hierarquia entre os gêneros e que se impeça qualquer tipo de opressão. Começaremos do começo, para facilitar.

O INÍCIO DO FEMINISMO

Falar do início do movimento feminista é sempre complicado, pensado como movimento social, organizado e coletivo é algo recente na história do mundo. No seu âmago, porém, está a resistência das mulheres, e essa é muito antiga. Seria preciso fazer um livro só para o senhor conhecer a quantidade incrível de mulheres que são inspirações de luta e que, no entanto, foram cruelmente apagadas da memória coletiva, transformadas em personagens invisíveis de uma história feita por e para homens. Por exemplo, o movimento feminista pelo voto é reconhecido como o início do movimento no Brasil, mas isso se dá no início do século 20, mais precisamente na década de 30. Absolutamente injusto, porque invisibiliza a história de inúmeras brasileiras, negras e indígenas, que foram as últimas na escala da opressão patriarcal e colonial. Aliás, o dito "descobrimento" do Brasil trouxe para nós uma estrutura de opressão à mulher que reproduzimos – fiel e ridiculamente – até hoje. Só para da um único exemplo – exemplo é sempre bom para ilustrar o que você claramente não entende – vamos falar de Dandara. Você, senhor, deve bem saber que a nossa história se deu às custas de um violento sistema escravocrata, durante o qual os negros sofreram com a diáspora. Isto é, foram dispersos para diferentes lugares do mundo para servir aos interesses da elite europeia. Você deve saber, também, que os negros lutaram bravamente para sair dessa condição de escravos e, entre outras formas de resistência, criaram os quilombos. Tenho certeza que um desses redutos de proteção aos escravos fugidos você conhece: quilombo dos Palmares. Seu líder máximo também não lhe passa desconhecido, com um pouco de esforço da sua parte, senhor, poderá se lembrar de Zumbi. Quem foi continuamente ocultada dessa história de resistência foi Dandara, a esposa guerreira de Zumbi. Dandara foi uma das principais líderes negras na luta contra o sistema escravocrata do século XVII.

Você também pode ter ouvido falar de Maria Bonita, eu estou certa. Mas não foi só em lutas armadas que as brasileiras semearam o movimento feminista por aqui. Em 12 de outubro de 1810, nasceu Nísia Floresta Brasileira Augusta, pseudônimo de Dionísia Gonçalves Pinto, autora das páginas inaugurais da história da luta feminina por direitos no Brasil. Nísia lutou por educação formal para as mulheres e foi pioneira na publicação de textos em grande escala. O primeiro livro de Nísia Floresta é *Direitos das mulheres e injustiça dos homens* e foi também o primeiro no Brasil a tratar dos direitos das mulheres à instrução e ao trabalho. E isso foi em 1832! Um século antes da mulher começar a votar. Vê como o negócio sempre foi demorado para acontecer do nosso lado, senhor?

A relação feita por Nísia não é isolada: a impossibilidade material é um aspecto fundamental na manutenção do patriarcado e da violência contra a mulher, seja no Brasil ou no mundo.

— Impossibilidade material?

Isso. Não ter acesso aos recursos materiais necessários. Pois minha crença é de que, se vivermos aproximadamente mais um século — e estou falando na vida

> comum que é a vida real, e não nas vidinhas à parte que vivemos individualmente — e tivermos, cada uma, quinhentas libras por ano e o próprio quarto; se tivermos o hábito da liberdade e a coragem de escrever exatamente o que pensamos; se fugirmos um pouco da sala de estar e virmos os seres humanos nem sempre em sua relação uns com os outros, mas em relação à realidade, e também o céu e as árvores, ou o que quer que seja, como são; se olharmos mais além do espectro de Milton, pois nenhum ser humano deve tapar o horizonte; se encararmos o fato, porque é um fato, de que não há nenhum braço onde nos apoiarmos, mas que seguimos sozinhas e que nossa relação é para com o mundo da realidade e não apenas para com o mundo dos homens e das mulheres, então a oportunidade surgirá, e a poetisa morta que foi a irmã de Shakespeare assumirá o corpo que com tanta freqüência deitou por terra.

> WOOLF, Virginia. *Um teto todo seu*. São Paulo: Tordesilhas, 2014. p. 159.

— Ué, mas nem toda mulher é pobre
e nem todo pobre é mulher.

O buraco é mais embaixo ainda, vem comigo que eu explico. Eu não, a Virginia Woolf explica. Em 1929, saiu *Um teto todo seu,* livro que reúne palestras proferidas por Woolf e transformadas em um ensaio que procura explicar a relação entre as condições materiais das mulheres e a relação com sua escrita. Virginia Woolf conta que "uma mulher deve ter dinheiro e um teto todo seu se quiser escrever ficção". A crítica de Woolf é categórica: independente da condição financeira, as mulheres eram pobres porque eram impedidas de ter acesso a um ensino formal que lhes sustentasse a escrita. Virginia Woolf cria então uma narrativa ficcional para explicar sua ideia. Deixa eu te contar: em uma das partes do livro, Woolf inventa uma personagem ficcional, Judith Shakespeare – isso, uma irmã ficcional de William Shakespeare –, para exemplificar como funciona a realidade material das mulheres. Considerando que essa irmã tivesse os mesmos talentos de Shakespeare, teria ela as mesmas oportunidades para desenvolvê-los? Obviamente não, pois o mundo se fechou para as mulheres: enquanto William ia à escola, Judith ficava em casa.

Enquanto o irmão lê, a irmã é castigada por ter um livro nas mãos. Judith fica noiva mesmo sem querer. O fim é trágico: impedida de viver seu talento, Judith se mata enquanto William inicia a sua obra, imortalmente reconhecida.

— Legal essa tal de Woolf aí, mas hoje em dia é tudo muito diferente...

Será que é mesmo? Não tenho tanta certeza. Ainda que o ensino básico formal seja amplamente difundido para os dois gêneros, ele não é pleno para ambos. Enquanto se espera que o rapaz de classe média alta conclua o ensino médio e vá para a universidade que bem desejar, não se espera que a mulher faça qualquer curso. Ainda hoje, senhor, meninas são proibidas de cursar o que bem entendem porque a carreira "não é para mulheres". Dá para acreditar que Judith Shakespeare não foi embora de nossas vidas ainda? Isso sem mencionar que o ambiente universitário brasileiro não acolhe com tranquilidade as minorias. Não é possível pensar em liberdade material e estudo formal para as mulheres sem considerar que a população negra, em sua maioria periférica, ainda não tem acesso nem ao saneamento básico e à condição mínima de sobrevivência com dignidade. Que dirá a mulher negra...

> A longo prazo, o silenciamento dos grupos oprimidos e o endurecimento do conveniente desinteresse dos grupos dominantes em discutir nossas matrizes opressoras geradoras das desigualdades, deixou um enorme atraso na produção de conhecimento, visto que há uma incompletude em quase tudo que se propõe a estudar sobre temas correlatos e uma superficialidade generalizada que foi mutilando todas as forças que carecem do conhecimento profundo para se atualizar e instrumentalizar a sociedade no sentido de viabilizar práticas de erradicação dos nossos problemas históricos.

BERTH, Joice. *O que é empoderamento?* Belo Horizonte: Grupo Editorial Letramento, 2018. p. 45. (Coleção Feminismos Plurais)

— Vamos voltar a falar do feminismo?

São identificadas três grandes "ondas" do feminismo. A primeira se dá no final do século 19 e início do 20 e tinha, como as principais pautas, a busca pelo sufrágio universal – mulheres com possibilidade de voto – e a liberdade em relação ao marido para trabalhar. No Brasil, não foi diferente, em 1922 nasceu a Federação Brasileira pelo Progresso Feminino que deu forma e vida a essa luta, cuja primeira conquista – o voto – aconteceria uma década depois.

A luta pelo direito ao voto não foi isolada; junto dela, diferentes pautas foram começadas. Nesse momento histórico, identificam-se os movimentos de cunho mais burguês, como a possibilidade de as mulheres ingressarem no Ensino Superior; outras relacionadas aos movimentos socialistas, discutindo a formação de sindicatos e a questão de classes. É dessa época também as primeiras insurgências do movimento feminista anarquista que trazia pautas muito fortes em relação à sexualidade e à decisão acerca do próprio corpo.

A segunda onda feminista acontece no furor do pós-68, ou seja, ao longo de toda a década de 70, dando voz à luta pautada especialmente na liberação sexual das mulheres, conquistada, aos pouquinhos, com o surgimento da pílula anticoncepcional e da possibilidade – ao menos biológica – de a mulher escolher quando – e se – engravidaria.

— Então a pílula foi um avanço para o feminismo?
Eu achei que foi sorte dos homens, isso sim...

Claro, obviamente seria sorte dos homens terem desenvolvido um mecanismo capaz de permitir que a mulher controle sua possibilidade de engravidar. Afinal, são os homens que aguentam o peso – físico e moral – da gravidez, são eles que são taxados de maus se não vivem 24h pelo filho, são eles que perdem faculdade, aula, emprego e oportunidade de emprego porque estão "grávidos". Sério? Você pode ficar quieto?

Pois bem, além da pílula, havia uma luta crescente para a criação de creches para as crianças, o que possibilitaria que as mulheres mantivessem seus estudos e seus trabalhos. É em 1966 que surge, nos EUA, a National Organization of Women (NOW) – em português, Organização Nacional das Mulheres – uma entidade feminista que tinha como uma das principais representantes a autora Betty Friedman. O objetivo da NOW sempre foi promover equidade de gênero – a partir da Equal Rights Amendment – ERA,[12] ementa que *ainda hoje* não foi ratificada. São parte do movimento

---

12 WIKIPÉDIA. Equal Rights Amendment. Disponível em: <https://en.wikipedia.org/wiki/Equal_Rights_Amendment>. Acesso em: 06 nov. 2018.

estadunidense dessa época autoras como Katte Millet, Susan Brownmiller; poetas como Susan Griffin e ativistas como Carol Giardina. Houve resistência, sempre houve. O movimento feminista negro não ficou para trás nessa época e passou a se organizar em busca de reivindicar um espaço dentro da discussão feminista, com duas pautas principais. A primeira era acabar com o etnocentrismo* do movimento feminista branco, que não raro – e até hoje, acredita? – invisibilizava as experiências de mulheres que não eram brancas, e a segunda é denunciar o sexismo do movimento pelos direitos civis dos negros que se de desenvolveu por homens, ao longo dos anos 60. É dessa época que nascem os primeiros coletivos feministas negros.

Exemplo disso foi o *Combahee River Collective* – Coletivo do Rio Combahee, em português –, de 1974, fundado por Barbara Smith, que escolheu esse nome em função de uma ação guerrilheira liderada por Harriet Tubman, em 12 de junho de 1863, na região Port Royal do estado da Carolina do Sul. Foi a única campanha militar registrada na história estadunidense como dirigida e planejada por uma mulher, cujo resultado foi a liberdade de 750 escravos. Eles também têm a sua Dandara, viu?

Dizia eu que a segunda onda teve uma forte influência da pílula anticoncepcional. Em terras brasileiras, se você não tiver pulado as aulas de História, vai se lembrar que vivíamos a ditadura militar, época nada favorável à liberdade de expressão, especialmente se for a expressão feminina. É nesse contexto que, em 1975, formou-se o Movimento Feminino pela Anistia. Esse primeiro feminismo, consciente de si enquanto movimento, tem uma predominância das mulheres de classe média alta letradas, era um movimento pautado no conhecimento formal. Isso mudou mais nitidamente na década de 80, com o surgimento do feminismo negro no Brasil.

A terceira onda começa na década de 90, e tem como expoente máximo Judith Butler, com o livro *Problemas de gênero*. O grande diferencial da terceira onda foi evidenciar a imensa opressão que atinge as mulheres, mas essa opressão em suas diferenças, marcando a necessidade de um recorte de classe e raça, além de propor uma desconstrução do modo de vista binária de separar a humanidade – entre homem e mulher.

Como você já sabe, em 1949, Simone de Beauvoir já havia desconstruído a naturalização do "ser mulher", em *O segundo sexo*. Ao dizer que "não se nasce mulher, torna-se", a filósofa francesa distinguia entre a construção do "gênero" e o "sexo dado", atribuído biologicamente, evidenciando que os valores atribuídos a mulheres eram construções culturais não determinados biologicamente. O que Butler faz é radicalizar a crítica já feita por Beauvoir, assumindo a desconstrução não só da mulher, mas do binarismo como um todo. Para Butler, o gênero é uma *performatividade*.

— Tipo de ator?

Não exatamente. O ator representa alguém que existe, enquanto o que fazemos com o gênero é ser de acordo com Butler, ao mesmo tempo, imitação e original, ressignificando, o tempo todo, os papéis de "homem" e de "mulher". É como se a gente repetisse para sempre um monte de regras do que é ser um ou ser outro e essas regras não tem um único agente causador, mas a própria estrutura das relações, tais quais elas são. O perigo? Acreditar que isso é natural.

[...] é a estilização repetida do corpo, um conjunto de atos repetidos no interior de uma estrutura reguladora altamente rígida, a qual se cristaliza no tempo para produzir a aparência de uma substância, de uma classe natural de ser.

BUTLER, Judith. *Problemas de gênero*: feminismo e subversão da identidade. Rio de Janeiro: Civilização Brasileira, 2003. p. 59.

E é partindo disso tudo que podemos pensar em diferentes vertentes do feminismo.

— Vertentes?

Caminhos, possibilidades, modos de pensar a situação da mulher e de como mudá-la.

— Ah é, bem que você disse que feminismo não é um só.

Exatamente. O feminismo ganha força como um movimento social de mulheres de classe média-alta, letradas, que buscavam por melhores condições de trabalho, principalmente. Com o tempo, o feminismo foi se ampliando para diferentes classes sociais e situações que não eram contempladas plenamente, como a questão do feminismo negro. É importante lembrar que o feminismo é um movimento amplo e que se dá em diferentes esferas, como feminismo institucional, mais teórico, voltado ao estudo do movimento social em si. Como movimento social, o feminismo modifica-se conforme a situação sócio cultural, bem como geográfica e até mesmo histórica. Um exemplo disso é que aqui mesmo, no Brasil, ainda lutamos por pautas que foram discussões na década de 70 nos EUA. Apesar disso, é importante lembrar que as diferentes prioridades de cada feminismo não apagam o que os une: repensar a mulher como indivíduo autônomo, pleno e que está em desvantagem, enquanto categoria, em relação aos homens. Mais que isso: o feminismo não deve estabelecer hierarquias – nenhum feminismo é mais feminismo que o outro por causa das suas pautas. Ah, não é um clubinho também, o que significa que não é preciso aprovação nenhuma para ser feminista, basta reconhecer a opressão sofrida e lutar, a sua maneira. Lutar é absolutamente necessário.

— Eu quero saber das vertentes.

Então, vamos lá. Existem várias vertentes do feminismo, mas escolhemos citar estas por seu impacto e por serem as principais "linhas" que dão origem a outras vertentes.

O FEMINISMO LIBERAL

Uma das primeiras manifestações institucionais do feminismo foi através do Feminismo Liberal. Como filosofia política, o Feminismo Liberal prevê a igualdade de gêneros, isto é, reconhecendo a mulher como sujeito inferiorizado, pretende igualar, *através de reformas políticas e sociais*, o acesso e os direitos entre homens e mulheres. Para isso, as instituições sociais devem ser modificadas. Historicamente, as sufragistas foram as primeiras feministas liberais a terem repercussão mundial. Consideradas otimistas e reformistas por algumas outras vertentes, o feminismo liberal pode ser considerada a vertente mais moderada do feminismo, porque vê nas questões legais a maior opressão. Assim, o feminismo liberal pensa nos direitos individuais antes de pensar em categorias sociais. Para entender uma vertente é importante ver como ela enfrenta os fatos: o feminismo liberal acredita que uma pornografia feminista é possível, bem como a escolha individual pela prostituição.

Exemplo de Feminismo Liberal Contemporâneo: a Campanha #HeForShe – em português #ElesPorEla –), criada pela ONU Mulheres para incorporar os homens à luta feminista, considerando-a como um esforço global por mudança das instituições sociais.

> "Nenhum país do mundo alcançou a igualdade entre mulheres e homens, nem entre meninas e meninos, e as violações aos direitos das mulheres e meninas ainda são um ultraje. Por isso, temos que aproveitar as lições aprendidas e a certeza de que a igualdade a favor das mulheres leva ao progresso de todas e de todos. Temos que avançar com determinação e coragem", Phumzile Mlambo-Ngcuka, diretora executiva da ONU Mulheres.

ONU MULHERES. ElesPorElas. Disponível em: <http://www.onumulheres.org.br/eles-porelas/>. Acesso em: 06 nov. 2018.

O FEMINISMO RADICAL

O Feminismo Radical aponta sempre para a importância de se falar no termo "radical", considerando em sua etimologia, ligado ao conceito "de raiz, de origem" e não extremista, como algumas pessoas, por maldade ou pura ignorância, insistem em afirmar.

O feminismo radical vem na esteira do conceito de "política sexual", cunhado por Kate Millet em obra homônima de 1974. Para Kate Millet, os homens mantêm um controle sob as mulheres a partir de um determinismo biológico que transpassa as instituições sociais. Como você deve imaginar, as feministas radicais creem que as tentativas liberais em estabelecer uma reforma no sistema político-social são insuficientes, pois enxergam esse sistema como minado, desde seu princípio, por uma hierarquia entre as "classes sexuais", que é muito anterior às "classes sociais", repudiando o binarismo "homens" e "mulheres", vistos como grupos naturais. Esse posicionamento não acredita na ideia de essência masculina ou feminina, e crê que essa separação serviu só para criar uma hierarquia, que dá origem ao patriarcado.

O conceito de gênero do feminismo radical não se dissocia do binarismo, dado que essa vertente vê o "gênero" como sendo um sistema utilizado para ensinar determinados comportamentos que submetem indivíduos identificados sexualmente como mulheres: a socialização. Grande parte das feministas radicais defende que o método de reprodução da "fêmea" é que permitiu a ascensão do patriarcado, o que evidencia que o problema é estruturalmente maior quando visto por esse viés. Por isso, a emancipação feminina passa, inclusive, pelo desenvolvimento da reprodução artificial, haja vista que o papel reprodutivo da mulher foi que a transformou em uma espécie de prisioneira biológica. O Feminismo Radical, diferente do Liberal, pensa nas mulheres como categorias e acredita que o reformismo não é possível. Assim, o ideal seria, inclusive, suprimir o próprio conceito de gênero, a partir de uma revolução feminista. Em termos de prostituição e pornografia, as feministas radicais são abolicionistas, isto é, pretendem extinguir esse mercado por vê-lo como fonte estrutural de violência sexual e opressão.

> Com efeito, no contexto de uma política sexual, transformações verdadeiramente revolucionárias deveriam ter influência, à escala política, sobre as relações entre os sexos. Mas uma vez que o status quo do patriarcado se tem mantido durante tanto tempo e com sucesso universal, nada indicava que ele pudesse evoluir. E, contudo, a situação modificou-se. Ou pelo menos começou a modificar-se — e durante cerca de um século parecia que a organização da sociedade estava prestes

> a sofrer uma revisão possivelmente mais drástica do que qualquer outra que tivesse já sofrido dentro do período histórico. Durante este tempo, o patriarcado, que constitui a principal forma de governo, foi tão discutido e atacado que parecia condenado a desaparecer. É evidente que nada disso aconteceu: a primeira fase terminou com uma Reforma imediatamente seguida de uma reacção. No entanto, alterações consideráveis surgiram do seu fermento revolucionário.

MILLETT, Kate. *Política sexual*. Tradução de Alice Sampaio, Gisela da Conceição e Manuela Torres. Lisboa: Publicações Dom Quixote, 1970. p. 9.

O FEMINISMO LÉSBICO

O Feminismo Lésbico, cuja discussão teórica circula fortemente em torno do trabalho de Monique Wittig, escritora e teórica feminista francesa, também é um feminismo considerado radical e que visa combater, além do machismo, o padrão heteronormativo da sociedade. Monique Wittig aponta que o problema que vivemos não é só o patriarcado, pois, mesmo se houvesse um matriarcado – isto é, uma sociedade em que a estrutura familiar e social gire em torno da figura da mulher –, o problema não se resolveria. E isso por quê? Porque ele continuaria separando homens de mulheres e estabelecendo um heteronormativo. As mulheres, diferente do que se crê, não deveriam ser vistas como grupo natural, com determinados hormônios e estrutura muscular, pois é a partir da ideia de naturalidade e do "biologicamente mulheres" que justamente se justifica a opressão.

— Pera...ela acha que esse papo de homem e mulher é balela?

Justamente.

— Mas e os hormônios? E a voz grossa?

Tudo construído pela força sócio cultural, mulheres são treinadas a serem assim e isso chega a ser capaz de influenciar mesmo a produção de hormônio, tendo mais um do que o outro.

— Mas isso não é possível!

Não é o que parece. O apagamento de pessoas intersexuais foi bastante útil para o patriarcado conversar sobre o binarismo, mas ele não existe em sua plenitude. Nesse contexto, inclusive, é que a figura da lésbica é uma categoria diferente, porque, se a categoria mulher só existe em oposição à categoria homem, a lésbica foge disso porque independe dessa oposição.

Há mais uma teórica do Feminismo Lésbico que é super importante para que se compreenda o que é binarismo e a violência causada por ele. Adrienne Rich, feminista e escritora, em seu trabalho trouxe à tona o conceito de heterossexualidade compulsória.

— Como é?

De acordo com a pensadora estadunidense, a heterossexualidade compulsória é entender como é inato a orientação heterossexual e como desviante e/ou odiosa a homossexual. O intuito de Adrienne Rich é dar visibilidade ao movimento feminista lésbico e, ao mesmo tempo, mostrar como ele fortalece também o movimento feminista como um todo.

Qualquer teoria ou criação cultural/política que trate a existência lésbica como um fenômeno marginal ou menos "natural", como mera "preferência sexual", como uma imagem espelhada de uma relação heterossexual ou de uma relação homossexual masculina seria, portanto, profundamente frágil, independente de qualquer contribuição que ainda tenha. A teoria feminista não pode mais afirmar ou meramente declarar uma tolerância ao "lesbianismo" como um "estilo de vida alternativo", ou fazer alusão às lésbicas. [...] A suposição de que "a maioria das mulheres são heterossexuais de modo inato" coloca-se como um obstáculo teórico e político para o feminismo. Permanece como uma suposição defensável, em parte porque a existência lésbica tem sido apagada da história ou catalogada como doença, em parte porque tem sido tratada como algo excepcional, mais do que intrínseco. Mas, isso também se dá, em parte, porque ao reconhecer que para muitas mulheres a heterossexualidade pode não ser uma "preferência", mas algo que tem sido imposto, administrado, organizado, propagandeado e mantido por força, o que é um passo imenso a tomar se você se considera livremente heterossexual "de modo inato".

> RICH, Adrienne. *Heterossexualidade compulsória e existência lésbica.* Tradução de Carlos Guilherme do Valle. Disponível em: <http://www.cchla.ufrn.br/bagoas/v04n05art01_rich.pdf>. Acesso em: 06 nov. 2018.

Adrienne Rich fala de um *continuum lésbico,* uma experiência lésbica que seja além de uma relação sexual. A possibilidade da existência lésbica é pensar na relação entre mulheres de outra maneira, uma ruptura ao direito masculino sobre o corpo da mulher, permitindo uma existência de recusa ao patriarcado e da romantização da violência gerada pelos homens.

Em poema, denominado *O corpo lésbico,* Monique Wittig constrói a imagem poética desse corpo que não é homem, nem mulher. Sua política, é indispensável lembrar, pois parte de uma leitura de Marx, marcando, porém, que o filósofo não diferenciou a categoria de classe e sujeito. A pensadora francesa vê como consequência disso uma diferenciação entre subjetividade e materialismo, subjetividade essa que, de acordo com a autora, deve ser recuperada para possibilitar a real emancipação feminina.

— Materia... o quê?

Materialista Histórico é um feminismo que considera a produção e o momento histórico, os fenômenos sociais estão inseridos nos meios materiais – diferente do que fazem as liberais. As feministas radicais não são marxistas, porque não se apoiam na teoria marxista para repensar a questão da mulher.

— Marxista! São as coisas daquele velho barbudo...

Esse mesmo, Karl Marx. Ele é o ponto de partida de uma vertente do Feminismo.

FEMINISMO MARXISTA

O Feminismo Marxista, diferentemente do Feminismo Radical, opta teoricamente pelo marxismo pensar na questão da mulher, ainda que indique que sua obra falhou, a princípio, em oferecer solução teórica ao problema da opressão da mulher. Prova disso são os países em que a propriedade privada foi abolida sem que se abolisse, concomitantemente, a hierarquia entre homem e mulher. Diferente das radicais, as feministas marxistas pretendem partir da obra de Marx e Engels para elaborar um novo marco teórico para analisar – e combater – a opressão sofrida pelas mulheres. Uma perspectiva para pensar essa questão considera duas formas de opressão, aquela sofrida pela classe trabalhadora e aquela sofrida pela mulher. Sobre a origem dessa opressão, as correntes de cunho socialista embasam-se na argumentação de

Engels no livro *As origens da família, a propriedade privada o Estado*, no qual se entende o surgimento desigualdade ou opressão sexual como simultâneo ao surgimento das classes sociais, baseadas na propriedade privada. A luta contra ambas opressões deve ser tratada simultaneamente, superando o "patriarcalismo" e o "capitalismo", a partir da instauração de uma forma de organização social mais desenvolvida, o socialismo.

Marx, Engels, August Bebel, Clara Zetkin, Lenin, Alexandra Kollontai, e muitos outros pensadores socialistas acreditavam que o trabalho assalariado criava condições para a emancipação das mulheres. Um salário independente libertaria as mulheres da família como unidade econômica e forneceria as bases para sua independência econômica, que por sua vez, lhe permitiria decidir livremente. Creio que esses pensadores tinham razão essencialmente. Hoje, porém, é necessário muitas batalhas, inclusive nos países industrializados e pós-industriais. Em muitos lugares, as mulheres trabalham, mas não tem acesso a um salário digno. As ideias sobre os papeis da mulher na família, as mulheres como objeto sexual, e o não respeito às mulheres como pessoas, são aspectos que ainda devem mudar.

PÃO E ROSAS. Mulher e revolução: entrevista com a historiadora Wendy Z. Goldman. Disponível em: <http://nucleopaoerosas.blogspot.com/2013/12/mulher-e-revolucao-entrevista-com.html>. Acesso em: 06 nov. 2018.

FEMINISMO INTERSECCIONAL (OU PÓS-MODERNO)

O Feminismo Interssecional, como o próprio nome aponta, depende do conceito de interseccionalidade.

— O quê?

Termo utilizado por teóricas do feminismo para designar a interdependência das relações de poder de raça, sexo e classe para configurar as opressões femininas. A experiência feminina, sofredora de opressão, a partir dessa perspectiva cria situações dissimétricas.

— Entre mulheres?

Exatamente. É isso que explica a diferença gritante, especialmente em um país de herança escravocrata como o Brasil, entre mulheres negras e mulheres brancas.

— Mas eu nunca ouvi falar nisso.

Esse termo é bem novo – data de 1989 – e ganhou força mesmo só nos anos 2000, por isso mesmo esse feminismo também é conhecido como "pós-moderno", isto é, pertencente às discussões vinculadas à geração herdeira da década de 70 e que inclui, entre outras coisas, a questão tecnológica tão fundamental. Apesar do conceito ser novo, a discussão remonta aos anos 70, quando o feminismo negro já denunciava o segregacionismo do feminismo branco, letrado e heteronormativo, e buscava – bem como fez o movimento lésbico – incluir pautas de diferentes ordens, além daquela previamente dada. A interseccionalidade, além de identificar as múltiplas opressões sofridas pelas mulheres, procura entendê-las na forma como interagem fomentando as desigualdades sociais. Na intereseccionalidade, não se resume só a uma experiência a existência feminina, mas um conjunto de relações que se imbricam criando essas intersecções. É importante destacar o modo como a interseccionalidade vê a questão da identidade; por um lado, procura levar em conta as existências múltiplas e diversas; por outro, se recusa a criar uma identidade universal que abarcasse a todas em suas experiências e vivências.

==A interseccionalidade é vista como uma das formas de combater as opressões múltiplas e imbricadas, e portanto como um instrumento de luta política.==

HIRATA, Helena. Gênero, classe e raça Interseccionalidade e consubstancialidade das relações sociais. Disponível em: <http://www.scielo.br/scielo.php?script=sci_arttext&pid=S0103-20702014000100005>. Acesso em: 06 nov. 2018.

A teoria interseccional é possibilitada, como disse, pela consideração de outras correntes do feminismo que também agem autonomamente, como o feminismo negro, desde a década de 70 nos EUA, e o transfeminismo mais recente.

FEMINISMO NEGRO

Se as mulheres brancas sofrem muito com o machismo no Brasil, as mulheres negras veem-se diante de um agravante histórico: o racismo.

Nos Estados Unidos, desde a década de 60, as mulheres negras organizavam-se para colocar em pauta suas questões. Hoje, no Brasil, o Feminismo Negro, que se faz mais que fundamental, tem se mobilizado social e intelectualmente. O que move a necessidade de se pensar um feminismo negro é justamente o fato de que a diferença entre as mulheres negras não está apenas em relação aos homens, mas também em relação às próprias mulheres – as brancas, que detêm privilégios, como representação midiática, espaço no mercado de trabalho e acabam, não raro, explorando a mão de obra das mulheres negras e pardas, as quais ocupam, por exemplo, a maioria massacrante das empregadas domésticas.

A pessoa que está conversando com você agora é uma mulher branca cisgênera. Será que você daria a mesma atenção se eu fosse negra ou trans*? Aliás, quando você tem ouvido essas mulheres? Quando é que, tendo ouvido, respeitou e considerou suas opiniões? Vou aproveitar desse meu privilégio e da minha intenção didática nesse livro e vou explicar o que são alguns conceitos, mas você deve ler as próprias feministas negras, infinitamente mais capazes que eu de falar sobre a própria vivência. Exatamente porque outra mulher deve ocupar esse lugar de fala.

— O que é um lugar de fala?

Ótimo jeito de começar a ler uma feminista importantíssima no Brasil, Djamila Ribeiro. A filósofa inicia sua discussão sobre lugar de fala pensando, justamente, no que é a mulher negra e como é importante que essa mulher fale sobre sua própria existência. A expressão que Djamila Ribeiro usa, retirada de outra pensadora fundamental, Grada Kilomba, para se referir à mulher negra é "o outro do outro", isso porque, referindo-se à fala de Simone de Beauvoir, de que a mulher "é o outro do homem" como categoria necessária para que o próprio homem se defina e entenda enquanto indivíduo; a mulher negra seria o "outro do outro", sofrendo de uma "carência dupla", dentro de uma sociedade que, além de patriarcal, é supremacista branca.

Nessa sociedade, a existência das pessoas negras é invisibilizada de múltiplas formas, inclusive na própria produção de conhecimento. Vamos ler a explicação dada pela própria Djamila Ribeiro:

Essas experiências comuns resultantes do lugar social que ocupam impedem que a população negra acesse a certos espaços. É aí que entendemos que é possível falar de lugar de fala a partir do feminist standpoint: não poder acessar certos espaços, acarreta em não se ter produções e epistemologias desses grupos nesses espaços; não poder estar de forma justa nas universidades, meios de comunicação, política institucional, por exemplo, impossibilita que as vozes dos indivíduos desses grupos sejam catalogadas, ouvidas, inclusive, até de quem tem mais acesso à internet. O falar não se restringe ao ato de emitir palavras, mas de poder existir. Pensamos lugar de fala como refutar a historiografia tradicional e a hierarquização de saberes consequente da hierarquia social.

> RIBEIRO, Djamila. *O que é lugar de fala?* Belo Horizonte: Grupo Editorial Letramento, 2017. p. 66. (Coleção Feminismos Plurais)

Diante desses inúmeros apagamentos, o que Djamila propõe é que é preciso que vozes negras falem – produzam conhecimento – e que esse sejam escutadas – esse conhecimento circule. Veja, não é que eu NÃO POSSA falar sobre feminismo negro, mas que é, extremamente importante, numa tentativa de combater essas opressões diversas sofridas pelas mulheres negras, que elas SEJAM lidas e ouvidas. E mais: que eu, quando produzir algum conteúdo sobre feminismo negro, que seja A PARTIR da minha vivência e do meu lugar de fala.

— Mas todos temos lugar de fala?

Boa pergunta. Djamila Ribeiro responde:

Assim, entendemos que todas as pessoas possuem lugares de fala, pois estamos falando de localização social. E, partir disso, é possível debater e refletir criticamente sobre os mais variados temas presentes na sociedade. O fundamental é que indivíduos pertencentes ao grupo

> social privilegiado em termos de locus social, consigam enxergar as hierarquias produzidas a partir desse lugar e como esse lugar impacta diretamente na constituição dos lugares de grupos subalternizados.
>
> RIBEIRO, Djamila. *O que é lugar de fala?* Belo Horizonte: Grupo Editorial Letramento, 2017. p. 88. (Coleção Feminismos Plurais)

Já passou a hora de você, rapaz, repensar, inclusive a sua própria experiência. E fazer sua parte: leia mulheres, mas, principalmente, leia mulheres negras que vão te apresentar diferentes olhares sobre uma realidade que você só conhece por um ponto de vista. E fale sobre a sua vivência, sobre o seu privilégio, sobre como você reproduz, mesmo sem querer, violências estruturais. É justamente diante dessa necessidade de lidar com violências estruturais de muitas ordens que o feminismo negro existe, reivindicando outras pautas para além do gênero.

— Quais outras pautas?

São muitas, mas vou exemplificar algumas. Lembra que uma das questões centrais do feminismo era lidar com o mito da fragilidade feminina ou ainda o da necessidade feminina de ser bela? Pois bem, nesse contexto, as mulheres resolveriam seu impasse com a opressão masculina desmistificando que sejam frágeis ou que precisam estar de determinada forma. No caso das mulheres negras, elas nunca são vistas como frágeis, muito menos dignas de proteção: na contramão da tentativa feminista branca cisgênera de tentar se mostrar como forte, a mulher negra quer ser humanizada, e ter, por exemplo, o direito ao sofrimento e ao respeito pela sua dor.

Além disso, se parece muito feminista e revolucionário que uma mulher abra mão de qualquer forma de maquiagem, isso não funciona da mesma forma para mulheres negras, que nunca puderam sequer ter acesso a essas maquiagens: seja pelo preço ou/e, principalmente, porque produtos estéticos não foram pensados para mulheres negras, já que o espaço do padrão estético sempre foi ocupado por um modelo eurocêntrico – branco, loiro, de cabelos lisos.

Não bastasse isso, as mulheres negras, como eu já te disse, ocupam a grande maioria do espaço de trabalho informal e recebem os menores salários, cerca de 60% menos que um homem branco cisgênero.

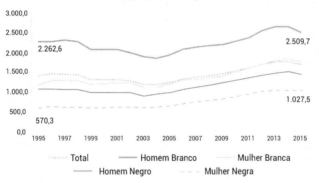

Fonte: FARAH, Tatiana. Mulher negra ganha 60% menos que homem branco no Brasil. BuzzFedd News, 6 mar. 2017. Disponível em: <https://www.buzzfeed.com/tatianafarah/disparidades-salariais-homem-mulher-ipea?utm_term=.rlwXD-V0G7#.bgDOmrYn1>. Acesso em: 06 nov. 2018.

— Por que você fica repetindo o termo cisgênero?

Porque existem vivências diferentes da nossa, isso é, pessoas que tiveram seu gênero definido de acordo com sua genitália e não se identificam com essa definição. Daí surgem as mulheres trans* e o transfeminismo.

— Mas essas não são as lésbicas?

Não. Para classificar uma mulher como lésbica temos como critério a sua orientação afetivo-sexual, ou seja, que seu desejo sexual e sua afetividade sejam mulheres. Identidade de gênero é diferente: é como a pessoa se identifica, isto é, como homem, como mulher ou como não-binário. Nesse sentido, uma mulher pode ser cisgênera ou transgênera e, sendo um ou outro, ser lésbica, heterossexual, bissexual, pansexual ou assexual. Certo? Considerando a importância da luta das mulheres trans que lidam com outras diferentes – e muitas! – dificuldades, é que podemos pensar também no transfeminismo.

TRANSFEMINISMO

Dentro da interseccionalidade, o transfeminismo vem ganhando força gradativamente. Sua militância se dá na tentativa de ganhar espaço de existência e diminuir a violência sofrida por pessoas transgêneros, isto é, aquelas que não se identificam com o gênero a elas imposto no momento do nascimento. O termo transexual surgiu de uma classificação da psiquiatria e teve origem patologizante. As pessoas trans* procuram esforçar-se por tirar da categoria de "doença", ressignificando o termo e considerando-o como a possibilidade de diferentes identidades, para além da binaridade identificada atualmente – homem x mulher –, e tiveram uma vitória no ano de 2018, quando a Organização Mundial de Saúde retirou a transexualidade da lista de doenças mentais.

É importante destacar que o transfeminismo vê no patriarcado a origem da cisnormatividade* e procura combatê-lo a partir de um movimento auto-organizado, o qual se faz necessário, não apartado de outras questões feministas, mas aliado, a fim de trazer à tona as pessoas trans* pouco ou nada contempladas pelas pautas do feminismo tradicional.

Vale mencionar que até mesmo o feminismo, muitas vezes, relegou – e, consideradas algumas vertentes, como a radical – a existência de mulheres trans* à categoria de homem/masculino, em função da sua genitália ou da designação recebida durante o nascimento.

Por isso, mulheres trans, além de combaterem toda questão opressiva de ser mulher, ainda possuem o agravante de terem sua identidade de gênero contestada o tempo todo, isto é, é preciso, para uma mulher trans, primeiro ser vista e aceita como mulher para, só depois, pode reivindicar questões feministas. Essa deslegitimação se dá em diversas ordens, a começar por uma suposta vigilância sobre o estereótipo de feminilidade, o qual a gente combate sempre no feminismo, mas que passa a ser uma forma grotesca de corroborar uma suposta identidade: ou seja, espera-se sempre que a mulher trans seja ilimitadamente feminina.

Outro contrassenso que é pauta fundamental do transfeminismo é a exigência de que mulheres trans sejam heterossexuais, como se o gênero e a orientação sexual estivessem atrelados necessariamente.

O transfeminismo é um movimento que, acima de tudo, procura colocar em destaque a vida das pessoas mais vulneráveis da sigla LGBTQI: pessoas cuja expectativa de vida, hoje, no Brasil, não supera muito os 30 anos.

Tanto o feminismo negro quanto o transfeminismo combatem a ideia de que exista um conceito universal de mulher, uma vez que essa suposta universalidade sempre serviu para designar mulheres brancas, de classe média, heterossexuais.

Defendemos a autonomia das pessoas trans sobre seus próprios corpos e identidades. Entendemos que são as próprias pessoas que devem gerir as possibilidades de seus corpos e que portanto não existe jeito "certo" ou "errado" no que tange expressar uma identidade de gênero. Neste sentido, vemos como certas críticas a um suposto fato de pessoas trans estarem "reforçando os estereótipos de gênero" acabam sendo imprecisas e equivocadas. Primeiro, entendemos que as pessoas trans não devem ser julgadas e culpabilizadas por uma questão estrutural, já que muitas vezes, se encaixar em certos padrões é questão de sobrevivência para muitas e muitos de nós. O ônus para a transformação social que desejamos nunca deve recair nos indivíduos. Segundo, entendemos que não existe "reforço" e "quebra" de estereótipos de gênero de forma absoluta: a partir da repetição do mesmo surge a possibilidade do novo; da mesma forma que a ruptura não existe apartada do estado anterior que a precedeu. Acreditamos na luta por um mundo em que as pessoas não sejam constrangidas em decorrência de normas de gênero (que também são normas estéticas) ao mesmo tempo em que defendemos que toda forma de existir enquanto trans é uma forma de resistência e que toda forma de existência enquanto trans é legítima.

TRANSFEMINISMO. Questões fundamentais do transfeminismo. Disponível em: <https://transfeminismo.com/questoes-fundamentais-do-transfeminismo/>. Acesso em: 06 nov. 2018.

ANARCOFEMINISMO

O anarcofemenismo está vinculado com o movimento anarquista e, em função disso, opõe-se a todo e qualquer tipo de hierarquia, com ênfase, especial, à exploração social sofrida por mulheres do contexto capitalista, responsável por desvalorizá-las, violentá-las e explorá-las economicamente. Além disso, o anarcofeminismo procura a extinção do patriarcado, alvo principal da luta e creem que sua destruição só se faz possível com a queda do sistema capitalista. Um grande nome do movimento anarcofeminista foi Emma Goldman, uma anarquista lituana do início do século XX, pioneira na luta.

— E a Marcha das Vadias?

A Marcha das Vadias é um protesto feminista que já ocorreu – e vem ocorrendo ainda – em várias cidades do mundo. A primeira manifestação do projeto foi em 2011, em Toronto, no Canadá. O motivo para a primeira Marcha acontecer foi a declaração de um policial de que a razão para o estupro das meninas acontecerem era o fato de elas se vestirem como vadias – *sluts*, em inglês. Essa declaração foi dada em um fórum universitário sobre segurança no *campus*. Revoltadas, as mulheres organizaram a Marcha como forma de discutir violência sexual, moral e culpabilização das vítimas.

No Brasil, foi São Paulo a primeira cidade a organizar uma marcha, também em 2011, utilizando o termo "vadias". Em 2012, 23 cidades de todas as regiões do Brasil já tinham organizado sua Marcha das Vadias, todas elas a partir de ferramentas disponíveis na internet, como *blogs*, *e-mails* e mídias sociais.

— Eu já vi isso daí acontecendo. As mulheres ficam todas nuas!

Sim, e não é à toa. Como explicam muito bem Carla Gomes e Bila Sorj, o corpo tem dupla função na Marcha das Vadias, pois além de ser o foco central da reivindicação – permitir que a liberdade sobre ele exista e seja plena – ele também é suporte para as manifestações.

> Ter autonomia sobre o corpo extrapola o tema do controle da reprodução e da saúde e a articulação de políticas públicas correspondentes, e passa a se referir principalmente a um modo de experimentação do corpo que, embora não prescinda de transformações na política, na cultura e nas relações interpessoais, é vivenciado como subjetivo. Assim, nas marchas, a sensualidade dos corpos é celebrada; os padrões de beleza feminina são questionados por corpos que reivindicam pelos e diferentes formatos; a menstruação é positivamente assumida. A nudez, importante instrumento de impacto nas marchas, parece condensar a um só tempo a capacidade de criticar as normas de gênero e de expressar este modo subjetivo de "libertação" do corpo.

GOMES, Carla; SORJ, Bila. Corpo, geração e identidade: a Marcha das vadias no Brasil. Disponível em: <http://www.scielo.br/scielo.php?script=sci_arttext&pid=S0102-69922014000200007>. Acesso em: 19 nov. 2018.

Por ser um movimento que tem acontecido, ao mesmo tempo, em diversos lugares do mundo, a Marcha das Vadias não é consensual entre todas as feministas. Por um lado, há críticas que marcam que a marcha segue reproduzindo o padrão dos movimentos feministas anteriores: mulheres jovens, brancas e universitárias; e por outro, que o protesto abarca homens e, também, o que deslegitimaria o movimento. O fato de focar na questão do corpo e liberdade sexual soa despolitizado para algumas feministas, especialmente as de vertente marxista, para quem o movimento se aproxima de uma banalização do corpo.

Apesar disso, a Marcha das Vadias certamente trouxe visibilizada para a luta feminina brasileira e questões como feminicídios, culpabilização da vítima, violência sexual e aborto, foram, novamente, postas sob o foco da discussão.

— Aborto? Você ainda não me explicou sobre isso.

É, acho que só diante de tudo que eu já expliquei é que você vai ser capaz de se localizar nessa história. O aborto é sempre um tema polêmico e difícil, e antes de começar a falar sobre ele é preciso entender algumas coisas.

- Ser favorável à legalização do aborto não significa desejar que ele aconteça.

É muita ingenuidade – ou maldade – acreditar que o aborto é uma experiência absolutamente tranquila para uma mulher. Qualquer tipo de intervenção médico-cirúrgica é traumática e invasiva, então, sustentar algum posicionamento partindo do pressuposto que quem optar pelo aborto estará feliz e contente é maldade. O aborto é uma prática necessária, mas não desejável.

- O aborto não é, de fato, proibido para todas.

Muitas mulheres abortam, muitas mesmo, e o tempo todo. A diferença que há entre essas práticas é que aquelas que têm suporte financeiro o fazem de maneira segura e menos indolor; enquanto as que não têm condição, acabam recorrendo a métodos perigosos, quando não letais. No ano de 2014, faleceu Jandira, mãe de dois filhos, porque foi para uma clínica de aborto clandestino e desapareceu. Jandira já tinha dois filhos e estava impossibilidade de suportar emocional e financeiramente mais um.

- "Evitar a gravidez é sempre possível" é uma falácia.

Não, não é possível. Mesmo considerando uma situação ideal de informação e acesso a métodos contraceptivos, a chance de eles falharem existe e, dessa forma, a mulher engravidar. Agora dimensione essa situação no Brasil, em que uma parte considerável da população mal tem acesso à saúde básica, que dirá a métodos de contracepção efetivos. Não é que eles não existam, é que a informação passada sobre eles e sobre o corpo feminino é tão pequena que impede que a própria mulher como utilizá-los. Isso sem contar os inúmeros relacionamentos abusivos, que forçam o sexo inseguro; as adolescentes e sua ínfima experiência, causada pelo tabu que é a sexualidade; as mudanças hormonais e a dificuldade que muitas mulheres têm de falar sobre a própria sexualidade; masculinidades tóxicas que levam o homem a querer provar virilidade expondo-se a sexo sem preservativos, entre outros inúmeros fatores.

- Se o aborto for legalizado, ele não será banalizado.

Essa crença é outra sustentada pelo desconhecimento da realidade feminina. Se você acha que as mulheres não sofrem com o aborto, volte e leia o primeiro item. Vamos também falar sobre resultados. O aborto foi legalizado em 2013 no Uruguai, e, em um ano, o número de abortos reduziu em 30%. Em 2018, dois países também deram passos importantes: a Argentina aprovou, na Câmara dos Deputados, o aborto legal e seguro; enquanto, na Irlanda, um país de maioria católica, 66,4% da população decidiu pela legalização do aborto.

— Mas isso não faz nenhum sentido!

É claro que faz, senhor. Tudo que é proibido impede o desenvolvimento do diálogo aberto, da possibilidade de conversa, do consolo. Lembra que falamos sobre o conceito de tabu? Pois bem, tudo sobre o qual não conversamos passa a ser uma realidade mais perigosa. Transformar o aborto em crime faz com que nos calemos sobre ele, e isso é muito perigoso em situações de desespero, porque, não raro, impede a reflexão.

— Mas você acha tranquilo a ideia de matar crianças?

Não são crianças que serão mortas. Se tomarmos como base a legislação uruguaia, a solicitação da interrupção voluntária da gravidez só pode ser feita até a 12ª semana de gestação – isto é, três meses de gravidez. O período se amplia a 14ª semanas em caso de estupro e não há restrições nos casos de má-formação do feto ou risco de vida para a mãe. Não são crianças que estão sendo mortas, são embriões em fase bem inicial de desenvolvimento.

— Eu acredito que há vida nos embriões!

Não tem problema nenhum. É só você não fazer um aborto.

— E as mulheres religiosas?

Elas também podem optar por não fazer. Ninguém luta para que o aborto seja uma regra, mas uma possibilidade, impedindo que o problema sério de saúde pública, que é a morte das mulheres, continue. O Estado deve ser laico e abranger qualquer decisão dos seus cidadãos sem, para isso, considerar o aspecto religioso – esse sim, altamente subjetivo e individual.

A sociedade não para de tentar determinar como uma mulher deve ou ao agir em relação a seu corpo. E isso, meu caro, é o machismo.

— Mas o pai tem direito ao filho...

Olha, eu realmente vou levar a sério a sua pergunta, apesar de absurda. Vamos lá: antes de existir uma criança, existe uma mulher, tendo seu corpo, cotidiano, trabalho, isto é, tudo sendo modificado. Só cabe a ela – só a ela – a decisão de querer que essa mudança aconteça. Em um país em que, de acordo com o Conselho Nacional de Justiça, 5,5 milhões de crianças brasileiras não possuem nome do pai na certidão de nascimento, fica difícil, para além de qualquer questão feminista, pensar em passar a responsabilidade para outra pessoa que não a mulher. Ao homem, sempre foi dado o direito de abrir mão da sua função paterna; e, ainda que juridicamente existam leis para exigir o pagamento de pensão, nada é capaz de exigir a atenção de um pai em uma sociedade que, há tantos e tantos anos, responsabiliza a mãe por tudo que envolve a criança. Pais abandonam filhos todos os dias, abandonam mulheres grávidas, ou, quando não o fazem, visitam, esporadicamente, sem dividir com seriedade a responsabilidade afetiva, moral e econômica em relação às crianças. E isso não é pouco.

No ano de 2018, por exemplo, dos onze jogadores titulares da Seleção Brasileira que disputou a Copa do Mundo, nove não tinham o nome do pai no registro. Sintomático, não é?

— É... Então quer dizer que eu sempre fui machista?

Foi sim.

E AGORA, O QUE FAZER?

Nesse momento, o senhor pode estar sentindo algumas coisas.

— É.

Está se sentindo mal?

— Péssimo. E agora, o que fazer?

Vamos começar pelo que não fazer? Talvez isso seja o ideal..

1. **Não seja violento.**

Quando digo para não ser violento, é mais que o óbvio de não espancar mulheres. Até porque isso já é criminalizado no país, bem como a expressão máxima da violência física, o feminicídio. Não é só não bater, é também não ofendê-las, nem subestimá-las, nem duvidar de sua capacidade. Isso deve se dar em todas as esferas da sua vida e em todas as hierarquias. Comece com a sua mãe.

É claro que você vai me dizer: "mãe é sagrado, eu jamais desrespeitaria a minha mãe". Tenho certeza que não, mas tenho certeza absoluta, também, que você não se incomoda – ou se incomoda muito pouco – em sobrecarregá-la, seja nos serviços domésticos, seja nas exigências que faz quanto ao modo como ela fala, se comunica. Não tome como óbvia as funções domésticas. Entenda que você faz parte da casa e, como tal, precisa cuidar dela. Portanto, não "ajude".

2. **Divida as tarefas.**

Dividir as tarefas significa dizer que você precisa esperar sua mãe/esposa/companheira/irmã pedir para você fazer algo. Tome iniciativa. Divida a carga mental de pensar o que falta em casa, o que é preciso ser feito. Coisas que parecem nunca faltar na sua casa não faltam porque alguém as compra. Seja essa pessoa. Divida tarefas de maneira justa e não use a desculpa de que você não faz tão bem assim. Treine. Aperfeiçoe-se. Reserve o seu tempo para isso e faça do lugar onde você vive parte da sua rotina e responsabilidade.

3. **Não seja *sexualmente* violento.**

Obviamente, não penetre mulheres que não desejam ser penetradas. Mas também não encoste em mulheres que não consentiram. Não segure meninas pelo braço na balada. Não insista para que a sua parceira transe sem camisinha. Sequer insista para que a sua parceira transe. Faça tudo de maneira consensual. Não mexa com mulheres na rua. Não use o corpo de uma mulher como desculpa para nada. Não encoxe, não alise, não esfregue. Entenda que o seu pênis não é o centro de tudo. Não exponha mulheres. Converse com mulheres sem olhar para o decote delas. Não ache que as mulheres do mundo estão disponíveis só para você. Não atrapalhe as mulheres que querem passar. Não assobie. Não force a barra. Não emita comentários sobre o corpo e o rosto delas se ela não pediu sua opinião. Não transe com mulheres inconscientes, seja qual for o motivo. Consentimento é a palavra: tudo deve ter consentimento.

4. **Não reproduza estereótipos.**

Nenhum estereótipo. Nada que comece com a expressão "toda/nenhuma mulher..." vai dar certo. Entenda que as pessoas são universos inteiros que merecem ser entendidos assim. Não fale que uma mulher não vai conseguir algo por ser mulher, não se refira a algo negativo como sendo "de mulher"; aliás, evite separar as coisas entre "de homem" e "de mulher". Não incentive seus amigos a serem violentos, identificando qualquer espécie de masculinidade nisso. Não separe mulheres entre "para casar" e "para trepar". Não julgue moralmente o comportamento sexual de ninguém. Não diga para os seus filhos, amigos, irmãos, que "mulher direita não se veste assim". Não acredite que existe uma característica intrínseca ao gênero feminino. Não caia nesse mito da feminilidade, dizendo que uma mulher é mais ou menos mulher pelo modo como ela se parte, pela sua orientação sexual ou por uma parte do seu corpo. Não transforme a sexualidade de ninguém em fetiche ou objeto de chacota. Não faça piadas machistas, o humor é ideológico.

5. **Eduque homens para não serem violentos.**

Não basta só você não ser violento. Impeça a violência dos seus colegas, amigos, do seu chefe. Ensine seu filho a respeitar a coleguinha da escola. Não fomente competição entre mulheres. Dê o exemplo. Evite reproduzir pornografia recebida. Não olhe as fotos que o seu amigo insiste em mostrar. Seja um agente entre os homens, explicando o porquê das atitudes do seu colega são erradas.

6. **Consuma produtos feitos por mulheres.**

Vá em médicas mulheres. *Consuma* arte criada por mulheres, como filmes, exposições. *Valorize* o trabalho de uma mulher. *Lute* contra desigualdade salarial.

Não se espante quando uma mulher é inteligente. *Não duvide* da competência de uma mulher. *Não compare* as mulheres de maneira ofensiva. *Não impeça* mulheres de escolher uma profissão. *Não impeça* suas filhas de terem autonomias. *Não cerceie* o corpo de ninguém, dizendo o que vestir, como andar, como se portar, como sentar. *Ensine* mulheres a serem fortes e produtoras da própria realidade. *Aceite* que as mulheres podem ser protagonistas.

7. **Nunca use a frase "nem todo homem".**

Toda vez que você faz isso, você assina um atestado de idiota. É preciso generalizar para ser possível compreender o estrutural. E quer saber do que mais? É uma generalização justa, porque todo homem – todo! – é estruturalmente machista. Criado para ser.

8. **Não ensine crianças a serem machistas, nem fomente masculinidades tóxicas.**

Não diga que menino não chora, não reprima emoções de um garoto. Não o diga para "agir como homem", ele é só uma criança. Não diga a uma menina que ela deve sentar como mocinha, dê liberdade a ela sobre o próprio corpo. Não bata numa criança dizendo que foi por amor. Não diga para uma menina pequena que ela apanhou do amiguinho porque ele gosta dela. Não naturalize a violência. Não reprima sensibilidade, seja ela emocional ou artística, de um menino. Crianças não nascem violentas, elas aprendem. Não seja esse exemplo negativo.

9. **Diga o que sente.**

Não precisa ter medo de expressar seus sentimentos. Tá tudo bem se você não souber como no começo. Aprenda. Desabafe. Pergunte ao seu amigo como ele está, de verdade, lá dentro. Aprenda como expressar sensações, frustrações. Não compense com agressividade, mesmo que tenham ensinado a você que deve ser assim. Homem chora, sim. Homem sente, sim.

10. Não culpe mulheres pela violência que sofrem.
Nunca, em hipótese alguma. Não é culpa dela. Ela não seduziu ninguém. Toda mulher tem o direito de se vestir como quiser, andar onde quiser e da maneira que lhe parecer melhor. Nunca culpe uma mulher pela violência que ela sofreu. Isso é covarde, cruel e vil. Responsabilize as pessoas certas: aqueles que assediam, violentam e matam mulheres.

Em resumo: respeite as mulheres na condição que são, seres humanos.

CÁ ENTRE NÓS

Oi! Você aí, vem cá. Isso, não ele. Você, mulher que chegou até aqui. Vamos conversar um pouco?

Você se reconheceu em um monte de situações, eu imagino. E tem tanta coisa que queria dizer para você. Acho que eu acabaria fazendo outro livro só para isso. Em primeiro lugar, obrigada por ter vindo até aqui. É bom saber que estamos juntas nessas. Eu vou tentar dizer algumas coisas que eu acho que são importantes para nós duas.

1. Você é completamente suficiente!

Todo mundo diz que não, a cultura em que você nasceu diz que não, alguém na sua família disse que não, na sua escola, na mídia, em cada filme e série que você viu. Vai ser difícil você acreditar em mim, mas eu juro: você é completamente suficiente sozinha. Você não precisa de um homem – ou mulher – que a complete, em nenhuma circunstância. Você não é menos porque está solteira. Esteja com alguém só se for para fazê-la mais feliz.

2. Você é capaz!

Muito capaz. De fazer o que decidir que vai fazer. Será bom e bem feito. Não se subestime em hipótese alguma e não aceite que digam que não é para você. Sempre é para você o que você quiser que seja! Corra atrás dos seus sonhos, eles valem à pena. Eles não são menores do que os sonhos de ninguém.

3. Você é livre!

Absolutamente livre. Faça o que achar que deve. Não case ou se case. Tenha ou não tenha filhos. Seja dona de casa, empresária, artista, mas faça tudo isso porque é o seu desejo. O seu corpo é seu, vista-se como se sentir bem. Corte o cabelo da maneira que achar que deve. Cozinhe para os filhos se isso te faz feliz. Coma no restaurante, sozinha, se é o seu desejo. Você é livre: assuma as rédeas da sua vida.

4. Seja independente.

Inclusive financeiramente. Não é fácil, mas é importante. Uma das grandes armas dos relacionamentos abusivos é a dependência material. Não podemos nunca criticar mulheres que não saem de casamentos infelizes ou até abusivos porque não têm a quem recorrer financeiramente. Isso acontece, mesmo. Tente aprender algo que possa gerar renda. Esforce sempre para ter o seu dinheiro. É importante para você se sentir livre para tomar as suas decisões.

5. Não fomente competição entre mulheres.

Não estou aqui pedindo para você amar e confiar em todas as mulheres do mundo. Tem muita gente mau-caráter, sim, e isso não significa que você precisa amá-las a despeito de qualquer coisa. Mas é importante não cair na grande chave de conquista do patriarcado que é a competição entre mulheres. Livre-se dessa sensação que ser "a única mulher" de alguma coisa é positivo. Quanto mais mulheres, mais forte nós somos. Mesmo que vocês não sejam amigas. Não fique feliz se o seu parceiro disser que você é diferente e que as outras eram loucas. Não aceite crítica pelo gênero nem da mulher que você não gosta. Não culpe mulheres.

Não desestimule nenhuma. A força de todas é importante para você.

6. **Crie uma rede de mulheres ao seu redor.**

Essa rede protegerá você e a elas. Mulheres que se ajudam e se cuidam. É muito legal ter amigos de quaisquer gêneros, mas é importante ter amigas, mulheres, que vão acreditar na sua denúncia – quando ninguém acredita –, que tomarão suas dores e que segurarão firme essa relação. Não fique sozinha.

7. **Incentive mulheres.**

Se você estiver em um cargo de liderança, contrate mulheres. Se não estiver, indique mulheres. Elogie o trabalho de uma mulher, quando ele for bom. Não caia no pensamento difundido de que homens são melhores em determinadas profissões. Admire e se inspire em mulheres, sem medo de parecer menos com isso. Não se compare, todas nós somos únicas. Existem formas múltiplas de estar no mundo e todas podem ser igualmente bonitas e interessantes.

8. **Proteja crianças.**

Toda vez que você protege uma criança, você protege uma mulher. Não desejar crianças em espaços que você frequenta jamais excluirá um homem, mas sempre excluirá uma mãe, vista como responsável primordial da criança. Proteger e respeitar crianças não é só feminismo, é o básico dos direitos humanos. Proteja lactantes e faça de tudo para que elas possam amamentar livremente, seja de cerceamento de espaço ou dos olhares punitivos de quem transforma o corpo feminino em objeto sexual. Proteja mulheres grávidas.

9. **Cuide da sua saúde mental e da sua autoestima.**

Vão tentar te convencer de que você está louca todas as vezes que você apresentar um pensamento contrário ao dominante. Não assuma esse papel. Não acredite. Confie no que você pensa, no que você viu, no que você viveu. Se você não é uma mulher cisgênero, branca e/ou heterossexual, não se sinta diminuída na sua posição de mulher. Parte do corpo alguma pode definir. Não se cale. Viver a vida de uma maneira feminista é uma decisão que pode te fazer perder pessoas, cargos, amores, amigos. Cuide da sua saúde mental, ou você vai acabar se destruindo. Fique forte, mas não tenha medo de fraquejar e desistir. Tá tudo bem não querer encarar a briga de frente, de verdade. Em hipótese alguma, eu peço, não se culpe.

10. Não se culpe!

Nunca. Não é sua culpa nenhuma forma de violência que você sofreu. O assédio não é culpa da sua roupa e você não deu a entender que podia. Não é sua culpa se você sofreu abuso bêbada, você tem o direito de beber o quanto quiser. Não é sua postura, não é o seu comportamento. Não se culpe, também, se você estiver precisando ficar quieta. Se você não respondeu como deveria àquele chefe. Não se culpe se você não denunciou seu namorado abusivo. Não se sinta culpada, é difícil mesmo. É mais uma violência. Fique bem, antes de qualquer coisa que pense em fazer. Cuide de você mesma antes de cuidar do mundo.

Vamos juntas?

PARA CONTINUAR ESSE DIÁLOGO

Que bom que você chegou até aqui. Obrigada por ter topado essa conversa e levado ela até o fim. Eu imagino que você possa estar um pouco perdido, querendo se localizar nesse tanto de coisas que a gente discutiu. Ler é sempre um bom começo, não é? Pensando nisso, montei aqui uma lista – bem básica, viu? – de algumas obras fundamentais para começar a entender os muitos feminismos que existem por aí. Selecionar é sempre ter que escolher e isso é difícil. Existe muita coisa boa que foi produzida e que ainda está sendo pensada e rediscutida. Encare essa pequena lista como um começo para uma imersão didática sobre o feminismo.

Um teto todo seu (*A Room of One's Own*, título original)
Virginia Woolf
Primeira edição: Hogarth Press, 1929.

Esse livro é um ensaio baseado nas palestras que a autora proferiu nas faculdades de Newham e Girton – duas escolas para mulheres na Cambridge University –, em 1928. O tema central do livro é a relevância da independência material feminina para a produção intelectual, especialmente a literária. Criando uma fictícia irmã de Shakespeare, Wolf discute a importância do tempo de produção intelectual e da independência financeira para que mulheres produzam literatura.

O segundo sexo (*Le Deuxième Sexe*, título original)
Simone de Beauvoir
Primeira edição: Gallimard, 1949

Certamente, desse você já ouviu falar. Considerado um dos livros mais importantes do feminismo, essa obra de quase 1000 páginas aborda inúmeros assuntos que dizem respeito ao universo da mulher, de história à filosofia, passando pela biologia, literatura, sociologia e psicanálise. O título faz referência à estrutura patriarcal, a qual transforma mulheres no outro do homem, visto como o neutro. Essa constante secundarização da existência feminina faz parte de um projeto maior de exclusão do poder e de objetificação, minuciosamente abordado e discutido pela filosofa existencialista.

A mística feminina (*The Feminine Mysthique*, título original)
Betty Friedan
Primeira edição: W. W. Norton and Co., 1963

Esse livro foi redigido por uma psicóloga e construído em cima do relato de muitas mulheres. A tese que o sustenta é a de que, após a crise de 1929 e da Segunda Guerra Mundial, que trouxeram no seu bojo o *American Way of life*, a mulher americana passou a ser envolta na figura mística de "mãe e esposa zelosa", responsável única pela educação dos filhos e pelo cuidado do lar. Essa mística seria um desestímulo frequente à existência pública da mulher, bem como sua busca por liberdade e autonomia, criando insatisfações baseadas na responsabilidade, e consequente culpa, incutidas às meninas desde a infância.

Política sexual (*Sexual Politics*, título original)
Kate Millet
Primeira edição: Rupert Hart-Davis, 1970

Disposta a provar que sexo era uma categoria de *status* social, com implicações claras de hierarquia, Kate Millet publicou seu livro a partir do doutorado que tinha escrito para discutir as consequências do patriarcado nas relações sexuais e na sexualidade. O seu trabalho aborda questões de filosofia, literatura, psicanálise, pintura, entre outras formas de pensar o mundo, a fim de evidenciar o controle exercido sobre a mulher e sobre o seu papel social.

Mulheres, raça e classe (*Women, Race, and Class*, título original)
Angela Davis
Primeira edição: Vintage Books, 1981

Nessa obra, Angela Davis traz à tona uma questão fundamental do feminismo: o recorte de classe e de raça. A autora discorre sobre as tensões dentro do movimento feminista norte-americano, especialmente em como ele ainda privilegiava os interesses de mulheres brancas. Ao abordar as diferenças, a escritora busca criar uma ponte entre as diferentes lutas feministas.

O mito da beleza (*The Beauty Mith*, título original)
Naomi Wolf
Primeira edição: Chatto & Windus, 1990

O livro de Naomi Wolf busca evidenciar como os padrões normativos de beleza, propagados principalmente pela indústria da moda e do entretenimento, representam o derradeiro e imenso obstáculo na luta da emancipação feminina. A autora, que se aprofunda na imposição de determinadas imagens femininas como forma de controle, argumenta que o padrão a ser seguido é incutido de maneira tão eficiente na *psiquê* da mulher que pode minar sua vivência política e sua capacidade de trabalho. A beleza é vista, então, como um fardo imposto a mulher para afastá-la da emancipação plena.

Problemas de gênero (Gender Trouble, título original)
Judith Butler
Primeira edição: Routledge, 1990.

Essa obra é considerada uma das bases da teoria *queer*. Nela, a filosofa Judith Butler conceitua a perfomatividade de gênero, problematizando a distinção entre o sexo biológico e o gênero social. A ideia de Butler é de que mesmo o conceito de gênero, dotado de materialidade histórica, acaba reforçando a heteronormatividade compulsória, na medida que aprisiona o sexo a uma questão imutável.

Mais recentemente, algumas obras muito importantes também foram publicadas.

O feminismo é para todo mundo
bell hooks
Primeira edição: Paperback, 2000

Esse livro é fundamental, na medida em que traz uma visão ampla sobre o feminismo. A clareza de hooks faz com que fique didática a ideia de que o feminismo muda a vida de todos, não só a das mulheres. Além disso, fala da construção de uma consciência crítica, por meio de uma educação feminista de fato, que conduza a humanidade para um contexto de justiça social.

Sobrevivi...posso contar
Maria da Penha
Primeira edição: Armazém da Cultura, 2010.

Esse livro é o relato da mulher considerada ícone da luta contra a violência doméstica, cujo nome foi escolhido par a lei n° 11.340 ou lei Maria da Penha. O livro conta sobre as diversas violências sofridas em casa, inclusive a que a levou a paraplegia. O relato é emocionante e muito inspirador, porque Maria da Penha foi atrás, até o fim, da justiça que lhe cabia.

A coleção "Feminismos Plurais".
Coordenação: Djamila Ribeiro

A coleção teve seu primeiro livro publicado em 2017, e até o presente momento contém os seguintes volumes:

O que é lugar de fala?, de Djamila Ribeiro;

O que é encarceramento em massa?, de Juliana Borges;

O que é empoderamento?, de Joice Berth;

O que é racismo estrutural?, de Silvio Almeida;

O que é interseccionalidade?, de Carla Akotirene;

O que racismo recreativo?, de Adilson Moreira.

GLOSSÁRIO

A

Antifeminista: Pessoa que se posiciona contra o feminismo.

Academicismo: Pejorativamente, academicista é a pessoa que se vale de termos e jargões acadêmicos para tratar de algum assunto e, por isso, se faz pouco didática ou compreensível a todos.

AFAB: Abreviação do conceito em inglês "*assigned female at birth*", que significa "designada ser mulher ao nascer". Termo utilizado para falar de cisgeneridade ou transgeneridade.

AMAB: Abreviação do conceito em inglês "*assigned male atbirth*", que significa "designado ser homem ao nascer". Termo utilizado para falar de cisgeneridade ou transgeneridade.

Anarcomacho: Homem de comportamento machista, mas vinculado ao anarquismo.

Assexualidade: Termo utilizado para se referir ao comportamento sexual de pessoas que não se sentem sexualmente atraídas por nenhuma outra pessoa.

Acefobia: Série de sentimentos negativos – preconceito, aversão, repugnância – dirigida a pessoas assexuais.

Androcentrismo: Termo cunhado pelo sociólogo americano Lester F. Ward, em 1903, e se refere ao modo como as experiências masculinas são consideradas experiências de todos os seres humanos e, por isso, tidas como uma norma universal.

B

Bissexualidade: Comportamento sexual em que o indivíduo sente atração sexual por homens e mulheres.

Bifobia: Série de sentimentos negativos – preconceito, aversão, repugnância – dirigida a pessoas bissexuais.

Binarismo (de gênero): Comportamento social normativo de só se visibilizar e legitimar os gêneros binários, ou seja, apenas homem *x* só mulher.

Bropriating: É a junção de *bro*, do inglês *brother*, que significa irmão, e *appropriating*, que significa apropriação. Refere-se ao comportamento de homens ao "roubar" ideias e opiniões femininas. Acontece, por exemplo, quando um homem repete um discurso ao qual não se deu atenção, proferido por uma mulher, é elogiado por isso e não atribui a ela os créditos.

C

Cisgênero ou cis: Indivíduo que se identifica com o gênero que lhe foi designado ao nascer.

Cisnormatividade, cisnormativismo, cisnorma: Padrão estabelecido pela sociedade que faz crer que a existência cisgênera é a única possível e/ou aceitável e, por consequência, marginaliza a transgeneridade.

Cissexismo: Práticas sociais que procuram corroborar a cisnorma, como a invisibilização de pessoas trans, patologização, designação arbitrária de gênero, etc.

Cirurgia de redesignação genital ou transgenitalização: Procedimento cirúrgico que permite a mudança do aparelho genital.

Colorismo: termo cunhado por Alice Walker, em 1982, diz respeito à relação entre o aumento do preconceito sofrido por pessoas negras conforme mais escura é sua pele.

D

Demissexual: Pessoa cuja atração sexual é dependente de conexão emocional.

E

Expressão de gênero: Conjunto de vestimentas, acessórios, modificações corporais, maneirismos, estética, depilação, comportamentos por meio dos quais uma pessoa exterioriza a sua identidade de gênero.

Equidade: Termo utilizado para falar da igualdade de gêneros, considerando o tratamento necessariamente desigual que é necessário para atingi-la.

Esquerdomacho: Homens de esquerda que possuem postura machista e negacionista, seja em organizações, em grupos virtuais ou em interações sociais.

F

Falocentrismo: Termo que advém da palavra falo (pênis), que diz respeito à postura em que se atribui ao homem a superioridade.

Feminismo: Nome genérico que se refere a diferentes vertentes de um movimento transdisciplinar que procura atingir a equidade de direitos entre homens e mulheres e erradicar a violência, física e simbólica, ao gênero feminino.

Feminista: Mulher que adere a alguma vertente do feminismo.

Feministo: Termo utilizado para se referir aos "machistas feministinhas", isto é, que se creem feministas, mas fazem disso oportunidade para roubar o protagonismo de mulheres.

Feminazi: Termo pejorativo, utilizado por anti-feministas, para se referir a feministas. Vem da junção de feminista com nazista.

Feminicídio: Em sentido estrito, é o assassinato intencional de mulher em função de seu gênero, amplamente usado também para se referir a uma cultura de genocídio feminino.

G

Gênero: Para cada linha do feminismo, o conceito de gênero pode variar. Optamos pela definição de Judith Butler e Joan Scott, de que gênero é um conhecimento a respeito dos corpos, das diferenças sexuais, dos indivíduos sexuados.

Gordofobia: Série de sentimentos negativos – preconceito, aversão, repugnância – dirigida a pessoas gordas.

H

Hipergenitalização: Ultravalorização que a sociedade promove e fomenta das genitais, concebendo, a partir delas, a identidade e a vivência das pessoas.

Homossexualidade: Orientação afetivo-sexual entre pessoas de gêneros iguais.

Homofobia: Série de sentimentos negativos – preconceito, aversão, repugnância – dirigida a pessoas homossexuais.

Humanismo: Movimento intelectual europeu, difundido durante Renascença e inspirado na cultura e tradição clássica (greco-romana), antropocêntrica e que valorizava as potencialidades da condição humana. NADA A VER COM FEMINISMO, aliás.

I

Identidade de gênero: Identidade referente ao gênero com o qual uma pessoa se identifica, independente de seu sexo biológico.

L

Lesbofobia: Série de sentimentos negativos – preconceito, aversão, repugnância – dirigida a mulheres lésbicas.

LGBT: Sigla para designar "Lésbicas Gays Bissexuais Travestis Transexuais e Transgêneros".

M

Machismo: Postura violenta, física e simbolicamente que oprime mulheres a partir da crença na superioridade do homem.

Mansplaining: Termo oriundo do inglês que significa "explicação masculina" e diz respeito à postura recorrente de homens que explicam o óbvio ou coisas que não foram solicitadas a mulheres, como forma de mostrar sua superioridade intelectual.

Manterrupting: Termo oriundo do inglês que significa "interrupção masculina". É quando um homem constantemente interrompe uma mulher falando – geralmente para fazer *mansplaining*.

Misandria Série de sentimentos negativos – preconceito, aversão, repugnância – dirigida a homens. É importante não confundir a misandria com uma necessária resposta/reação de mulheres que sofrem misoginia e machismo.

Misoginia: Série de sentimentos negativos – preconceito, aversão, repugnância – dirigida a mulheres.

O

Orientação afetivo-sexual: Está relacionada à atração sexual e/ou afetiva que uma pessoa tem (ou não) com pessoa(s) de determinado gênero.

P

Pansexual: Pessoas pansexuais sentem atração afetivo-sexual por indivíduos que se identificam como homem ou mulher; como também por pessoas não-binárias.

Panfobia: Série de sentimentos negativos – preconceito, aversão, repugnância – dirigida a pessoas pansexuais.

Patriarcado: Sistema de estruturas sociais sob o qual se cristalizaram historicamente os privilégios da classe masculina em relação à classe de mulheres.

Q

Queer: A teoria *queer*, ou estudos *queer*, é um movimento teórico e político transdisciplinar e transnacional que busca criticar a heteronorma e os binarismos – hetero/homo; homem/mulher –, o qual separaria os corpos dos sujeitos entre normais e anormais.

R

Racismo: Série de sentimentos negativos – preconceito, aversão, repugnância – dirigida a pessoas de raça diferente. No Brasil, termo associado ao preconceito sofrido por pessoas negras.

Revengeporn: Do inglês, "pornô de vingança", diz respeito à exposição de vídeos íntimos ou fotos de relacionamento sexual sem o consentimento de um dos envolvidos, como forma de "vingança" por uma briga ou pelo fim do relacionamento.

S

Sexismo: Discriminação ocasionada em função do sexo da pessoa.

Sororidade: União entre mulheres como forma de combater a rivalidade feminina, imposta e fomentada pelo patriarcado.

Slutshaming ou slut-shaming: É o julgamento exercido sobre uma mulher pelos seus comportamentos sociais e sexuais. *Slut*, em inglês, é vadia. Discurso usado para contestar ou menosprezar a liberdade sexual de uma mulher.

T

Transgênero ou trans: Conceito "guarda-chuva" que abrange o grupo diversificado de pessoas que não se identificam, em graus diferentes, com comportamentos e/ou papéis esperados do gênero que lhes foi determinado quando de seu nascimento.

Travestis: "Pessoa que foi designada pelo gênero masculino ao nascer e vivencia uma identidade de gênero feminina, podendo se reconhecer ou não como mulher ou simplesmente como travesti (podendo ser entendido como um terceiro gênero em si mesmo)".[13] Atenção: travesti é uma identidade que é culturalmente específica ao contexto social latino-americano.

Transfobia: Série de sentimentos negativos – preconceito, aversão, repugnância – dirigida em função da identidade de gênero de pessoas transgênero ou travestis.

Trans-ally: Algo – que pode ser uma instituição, grupo, empresa, pessoa, movimento, etc. – que é aliado, inclusivo ou amigável a causa trans.

---

13   JESUS, Jaqueline Gomes de. Orientações sobre a população transgênero: conceitos e termos. Disponível em: < http://www.sertao.ufg.br/up/16/o/ORIENTA%C3%87%C3%95ES_POPULA%C3%87%C3%83O_TRANS.pdf?1334065989>. Acesso em: 06 nov. 2018.